수·당제국

Thinking Power Series - World History Collection 15
History of Sui & Tang Dynasty: Cosmopolitan Empire of China

Written by Yoon Mirie.
Published by Sallim Publishing, 2020.

수·당제국

세계 문화 중심지로 도약하다

윤미리 지음

살림

당삼채를 통해서 본 당제국의 이국적 향기

반들반들한 자기로 만들어진 동물과 사람의 장식품. 서역 사람으로 생각되는 수염 긴 외국인 남자들이 커다란 낙타 위에 올라타고 있다. 다양한 색깔로 채색되어 있는 데다, 자기라서 반짝거리기까지 하니 아무 곳에나 두면 안 될 것 같다. 적어도 좀 있는 집 어디쯤 크고 화려한 장식장 속에 함께 자리해야 할 것 같은 도기 장식. 이것이 바로 당삼채다.

당삼채는 당나라를 대표하는 예술 작품이다. 외관에서 뿜어져 나오는 느낌 그대로 당삼채는 귀족들을 위해 만들어졌고, 이들만이 누리던 전유물이었다.

- **삼채 낙타재악용**

  중국 베이징, 중국국가박물관 소장. ⓒ Siyuwj 위키미디어 커먼스.

- **삼채 세부**

  낙타 위 서아시아인 악공의 모습. 당삼채는 중국 당나라 때 도자기 중 하나로 잿물이 백색·황색·녹색 또는 녹색·황색·남색의 세 가지 빛깔로 된 도자기를 말한다.

처음에는 주로 장례식용으로 만들어졌다. 그러다 정성껏 만든 당삼채를 죽은 자와 함께 묻어주었는데, 그러기에는 너무 아쉬웠던 것일까. 나중에는 집 안에서 장식용 또는 다양한 생활 용품으로도 제작하여 사용했다. 물론 당삼채는 서민들이 사용하기에는 고가였고, 실용성보다는 심미성이 강한 예술품이었기에 귀족들만이 누릴 수 있는 사치품이었다.

이 도기가 당삼채라 불리는 이유는 제작 과정에서 주로 사용하던 색상이 황색, 녹색, 백색 세 가지였기 때문이다. 그래서 '3채'라 이름을 붙였고, 당대(唐代)에 제작되었기에 '당'자를 붙여 '당삼채'라 불렀던 것이다. 당삼채는 항아리·그릇·벼루와 같은 일상 용품 또는 소녀·연주자와 같은 인형이나, 낙타·말·개와 같은 동물 형태로도 제작되었다.

그런데 여기서 주목할 점은 인형 형태의 당삼채 중 위의 사진과 같이 서역인 형상도 꽤 많이 보인다는 사실이다. 서아시아 사람의 옷차림과 얼굴을 한 외국인 인형을 보고 있노라면, 당시 수많은 외국인이 당을 드나들었음을 어렵지 않게 추측할 수 있다. 게다가 당삼채는 전통적인 중국의 도자기 제작 기술에다 서역의 채색 기술이 합쳐져 탄생된 것이라 하니, 그야말로 동시 문화 교류의 산물이라 할 수 있다.

당삼채는 당제국의 성격을 단적으로 보여준다. 당 제국은 중국사에서 유례를 찾아볼 수 없을 정도로 거대한 제국을 건설했고, 문화를 매개로 주변국을 하나로 묶었다. 이는 단순히 힘으로 주변의 나라들을 복속시킨 것이 아니라 공통적 문화 코드를 만들어내서 주변국들 스스로가 수용하게 만든 것이다.

이것이 가능할 수 있었던 이유는 주변의 다양한 문화를 수용하는 당제국의 개방성, 보편성을 띤 하나의 문화로 융합해내는 창의성 덕분이었다. 그리고 당삼채는 이러한 문화 융합의 산물이다.

당의 문화는 상당히 우아하고 화려하며 국제적인 성격을 띠었다. 당시 지배 세력이었던 귀족들의 취향이 반영된 것이기도 하지만, 동양과 서양의 문화가 함께 만나고 융합되는 과정에서 자연스럽게 나온 결과물이기도 하다.

이렇게 당제국이 문화의 중심지로서 자리매김할 수 있었던 이유는 무엇일까. 이 '대단한' 당이라는 나라가 하늘에서 갑자기 뚝 떨어질 리는 없지 않은가. 사실상 당제국의 존재는 그 이전에 세워졌던 수(隋)가 있었기에 가능했다. 수와 당은 여러 면에서 비슷한 특징을 가졌는데, 당은 정치·경제·문화 측면에서 수나라의 많은 부분을 계승하고 받아들였다.

비록 짧은 기간이었지만, 분열된 중국을 통일했던 수와 수의 뒤를 이어 찬란하게 번영을 구가했던 당은, 중국 역사상 큰 의미를 지닌다. 이들이 만든 정치 체제와 문화는 이후에 등장하는 수많은 나라에 절대적인 영향을 미쳤다. 뿐만 아니라 주변 동아시아에도 영향을 주었고 이는 '동아시아 문화권'을 형성하는 결과를 가져왔다.

따라서 수와 당을 알아간다는 것은 중국사 이해의 밑거름인 동시에 오늘날 우리의 문화를 이해하는 첫걸음이기도 하다.

머리말

차례

제1장

수의 잉태

— 유목 세계와 농경 세계가 하나로

01

황건적의 난과 조조의 나라

한나라의 번영과 왕망의 신(新)

한나라가 지속된 400년은 중국의 문화가 완성되었던 시기다. 진은 최초의 통일 왕조였지만 생겼다 금세 사라진 반면, 한은 오랜 시간을 버티며 안정된 정치 체제를 만들어나갔다. 특히 한나라의 무제가 황제로 있었던 시기에는 여태껏 본 적이 없는 전성기를 누렸다.

그러나 항상 모든 나라가 그러하듯 번영의 이면에는 몰락의 그림자도 있는 법이다. 한 무제 때 동중서의 건의로 유교가 나라의 대표 학문이 되면서 한나라는 많은 변화를 맞이했다. 유교 이념 덕분에 황제권은 강화되었지만 황제와 긴밀한 관련을 맺고 있는 외척과 환관의 권력이 커지는 문제점이 생겼다. 이들이 권력을 손에 쥐면서 곧 나라의 기강은 무너졌다. 게다가 무제가 거듭 대외원정을 떠나면서 국가 재정은 파탄이 났다.

이런 상황에서 외척 왕망은 새롭게 '신(新)'이라는 나라를 세웠다. 왕망은 즉위 후 개혁을 시작했다. 봉건제도를 회복하고 전국의 토지를 모두 국가로 귀속시켜 왕전제(王田制)를 실시했다. 소금과 철에 대해서도 전매제를 시행하여 국가 재정을 늘렸고, 노비제도를 폐지하는 등 개혁을 시도했다.

그러나 현실적으로 이러한 혁신적인 개혁을 실시하기에는 시기상 이른 감이 없지 않았다. 사전 준비 없이 시행된 데다 통제가

• **왕망**
신(新)을 건국한 왕망은 '찬탈자'와 '개혁가'라는 두 가지 상반된 평가를 받고 있다.

심했기에 백성들의 지지도 받지 못했다. 따라서 신 말기에는 각지에서 반란이 일어났다.

이때 등장한 유수가 다시 한(漢) 왕조를 세우면서 짧은 신의 역사는 끝이 났다. 어찌 보면 16년간의 해프닝이라 볼 수 있는 신(新)나라는 한의 역사를 구분하는 기준이 되는데, 신 이후를 후한, 그 이전을 전한이라 한다.

한의 몰락: 외척과 환관의 권력 투쟁

후한을 세운 유수가 후한의 대표 황제 광무제다. 그는 관리들을 엄격히 감시하여 부정비리를 사전에 방지하고, 세금 부담을 줄여 민심을 잡았다. 또 유학을 장려하고 지식인을 우대하여 이러한 전통이 후에도 이어질 수 있게 했다.

그러나 후한 역시 전한대의 문제점들이 나타나기 시작했다. 처음에는 외척과 환관에 대해 경계했으나, 점차 관대한 분위기가 만들어졌다. 특히 어린 나이의 황제들이 즉위하여 태후가 수렴청정을 하면서 자연스럽게 외척 세력이 권력을 장악하기 시작했다. 보통 황제가 성년이 되면 황제 스스로 외척 세력에게서 벗어나고자 노력했는데, 외척들을 제거하는 과정에서 주로 환관을 이용했다. 그러다보니 이 시기에는 환관이 모든 정권을 장악했다. 그리고 다시 어린 황제가 즉위하면 외척은 기다렸다는 듯이 환관들을 제거했다. 이처럼 후한 말에는 외척과 환관이 번갈아 권력을 잡고 서로가 서로를 죽이는 악순환이 반복되었다.

외척과 환관의 세력 다툼이 거듭되는 가운데 가장 절정에 다다른 것은 영제 때였다. 12세의 나이로 영제가 황제가 되자 태후가 수렴청정을 시작했다. 이 과정에서 태후의 아버지가 정권을 장악했다. 그런데 그가 환관들을 살해하려는 계획을 세웠다가 사전에 발각되어 죽임을 당한 것이다.

영제 이후에는 소제가 즉위했는데, 이 시기에도 태후가 수렴청정을 했고 그의 오빠 하진이 정권을 잡았다. 그 역시 환관을 죽이려다 오히려 환관에게 죽임을 당했다. 그러자 하진과 손잡았던 원소가 군대를 일으켜 다수의 환관을 살해했다. 동탁은 이 상황을 정리한다는 명목으로 원소를 쫓아내고 태후를 죽인 뒤, 소제를 폐했다.

황건적의 난

후한 말에는 외척과 환관 사이에 권력 다툼이 일어나면서 혼란한 시기가 지속되었다. 당시 황제였던 영제는 환관과 놀고먹는 일에만 신경을 쓰는 무능한 군주였다. 국가의 재정은 바닥이

났고, 부패한 관료들은 토지를 늘리면서 농민들을 괴롭혔다. 귀족이나 관료가 독차지하는 땅이 많아질수록 빈부의 차가 극심해져 사회적으로 혼란에 빠졌다.

게다가 농민들의 생활은 나날이 어려운데 여기에 홍수와 가뭄 등 자연재해까지 겹쳐 생존 자체가 힘들어졌다. 이렇듯 몸과 마음이 고단한 민중 속에서 신흥 종교가 새롭게 등장해, 들불처럼 퍼져갔다.

농민들 사이에서 유행한 신흥 종교는 태평도와 오두미도였다. 태평도는 무당과 박수의 말을 기록한 『태평청령서』에서 비롯되었기에 태평도라 불리었고, 오두미도는 이 종교 조직에 가입하는 조건이 쌀 다섯 말을 바치는 것이었기에 그리 불렀다. 두 종교 중 특히 부적을 태워서 물에 타 마시면 병이 낫는다는 태평도는, 가난과 질병의 공포에 허덕이던 농민의 마음을 단번에 사로잡았다.

태평도는 장각이 만든 종교였다. 장각은 의술이 뛰어나 가난한 사람들을 무료로 치료해줬고, 주위 사람들을 잘 도왔기에 다들 그를 따르고 좋아했다. 그는 태평성대를 꿈꾸는 농민들의 염원을 담아 새로운 종교를 만들었는데, 이렇게 만들어진 태평도는 뒷날 도교의 뿌리가 되었다. 태평도는 생긴 지 불과 10여 년 만에 수십만 명의 신자를 얻을 만큼 짧은 시간에 확대되었다.

장각은 농민들의 염원을 반영하여 새로운 나라를 만들고자 했다. 그래서 그는 '파란 하늘은 이미 죽고 노란 하늘을 세워야 한다'라는 구호를 내걸고 군대를 일으켰다.

여기서 파란 하늘이란 한(漢)을 의미하고, 노란 하늘은 태평도와 장각 본인을 의미했다. 이들은 머리에 노란 두건을 맸는데 '노란 두건을 쓴 군대'라는 의미에서 스스로를 '황건군'으로, 또는 조정의 입장에서는 '노란 두건을 쓴 도적 떼'라는 의미로 '황건적'이라 불렀다.

황건적의 난은 태평도의 각 지부가 군사 조직으로 전환되어 일어난 농민 봉기였다. 이 봉기는 전 지역으로 퍼져나갔고 관군은 싸우다가 도망가기에 바빴다. 정부는 황건적을 막고자 지방 호족들의 군사 활동을 허락했다. 그런데 이 결정은 사실상 화가 되어 돌아왔다. 지방 호족들은 이 기회를 이용하여 군비를 확장했고, 심지어 각자 나라를 세워 독립 국가처럼 행세했던 것이다.

영원할 줄 알았던 황건적의 난은 장각이 병사하면서 실패에 그쳤다. 그러나 이후에도 잔여 세력들은 20여 년이나 봉기를 지속했다. 이처럼 황건적의 난은 엄청난 규모의 농민 봉기였고, 파급력도 컸다. 황건적의 난을 겪은 한 조정은 더 이상 나라를 유지하기가 벅찰 정도였다.

영제는 황건적의 난을 대처하는 과정에서 조정의 중신들을 지방 주요 지역의 장관으로 임명했다. 이들에게는 군사권은 물론 행정권과 재정권까지 주어 지방을 지키게 했다. 이들은 앞서 군사 활동을 허락하여 힘을 키우던 지방 호족들과 함께 군벌이 되었다. 이들은 지방에서 세력을 확대했고 급기야 중앙과 대치했다. 대표적인 세력으로는 조조, 유언, 원소, 원술, 유표, 손견, 유비 등이 있었다.

후한 말 동탁이 헌제를 세우고 권력을 잡자, 이들은 동탁을 타도한다는 명분으로 공개적으로 들고 일어났다. 결국 황건적의 난을 가까스로 해결하고 한숨 돌리던 한(漢) 조정은 자신이 힘을 실어준 군벌들에 의해 멸망하고 만 것이다.

조조의 나라, 위

황건적의 난 이후에 한은 실제로 망한 것이나 다름없었다. 한이라는 이름만 유지했고, 이미 실권은 지방 군벌 세력들이 돌아가며 장악하고 있었다. 황건적의 난을 겪었던 영제가 죽고, 동탁은 소제를 폐위하고 헌제를 새로운 황제로 세웠다.

동탁이 부하였던 여포에게 살해되고 나서는, 뒤이어 조조가 헌제를 자신의 보호 아래 두고서 후한의 권력을 잡았다. 조조는 정치권력을 장악한 이후 정치적으로 유리한 위치를 점했다. 그는 나머지 군벌 세력들을 제거하기 위해 힘을 기울였다.

가장 먼저 동탁의 잔여 세력을 제거했고 동으로는 원술, 서로는 여포를 물리쳤다. 원소와 벌인 전투에서도 수적으로 열세였는데도 크게 승리하며 세력을 확대했다. 원소가 죽은 이후에는 그의 자식들을 죽여서 원씨 세력을 모두 제거했고, 그 결과 북쪽 지역을 거의 통일할 수 있었다.

조조는 스스로 위왕이라 부르며 황제와 동일한 권력을 행사하려 했지만 정작 황제가 되지는 못하고 죽었다. 대신 그의 아들 조비가 헌제에게 선양받아 황제가 되었다. 조비는 나라 이름을 위라 칭했고, 뤄양을 수도로 정했다.

한편 조조와 원소가 대립하고 있을 당시 손권과 유비라는 새로운 인물이 등장했다. 손권은 당시 양쯔강 하류 지역을 차지했다. 그리고 유비는 비록 군사력이 약했지만 제갈양이라는 뛰어난 책사와 관우, 장비와 같은 뛰어난 장수를 거느리고 쓰촨 서부를 지배했다. 이들은 조조와 경합을 벌였고, 이후 조비가 황제의 자리에 오르자, 유비와 손권도 각자 황제의 자리에 올라 셋으로 나뉜 삼국 시대(220~280)가 시작되었다.

· 위·촉·오 삼국 시대의 세력도

2세기 말~3세기 중반 중국은 조조, 유비, 손권이 대립했다.

후한 말기에는 중국 대륙이 삼국으로 나뉘어 치열한 통일 전쟁을 벌였다. 이때가 바로 소설 『삼국지연의』의 무대가 되었던 그 시기다. 후한의 무관 출신이었던 조조가 세운 위(魏)와 후한 황실의 후예임을 자처한 유비의 촉(蜀) 그리고 과거 전국 시대의 강국이었던 오나라의 후예를 자처하는 손권의 오(吳)가 패권을 다투었다.

그래도 삼국 중에서는 조조의 위가 월등하게 우세했다. 위가 우세했던 이유로 보통 둔전제* 시행을 꼽는다. 둔전제를 실시하면서 농민의 생활이 안정되었고, 국가 재정이 넉넉해졌기 때문이다. 덕분에 군량을 조달하는 데 무리가 없어, 전쟁에서 승리할 수 있었다.

이렇듯 조조는 후한 왕조 아래에서 둔전제를 실시하고 제도를 정비하면서 위나라의 기반을 마련했다.

조비는 황제의 지위에 오르기 전, 후한의 승상으로서 관리를 선발하는 방법으로 구품중정제를 실시했다. 이 제도는 지방의 호족 세력들이 중정관이 되어 해당 지역의 인재를 아홉 개의 등급으로 평가한 뒤, 그 가운데 상품(上品)에 해당되는 사람을 관리로 등용하는 것이었다. 그런데 이 제도의 문제점은 인물의 능력보다는 가문의 높고 낮음에 따라 결정된다는 것이었다.

따라서 구품중정제는 유능한 인물을 뽑는 선발 시험이라기보

---

* 조조는 전쟁으로 황폐해진 땅을 개척하여 국가 소유의 땅으로 만들었다. 이 땅을 토지가 없는 가난한 농민들이나 전쟁 포로에게 나누어주고 정착하여 살게 했다.

다는 문벌 귀족 사회를 유지하고 강화시키는 수단으로 전락하고 말았다. 그래도 조비는 구품중정제를 시행했던 덕에 귀족 세력에게서 지지를 받을 수 있었고, 황제의 자리도 문제없이 차지할 수 있었다.

02

화북과 강남이 마주 서다

위·진·남북조 시대의 서막

삼국 중 가장 강자였던 위나라가 마침내 촉나라를 차지했다. 당시 위나라의 사마염은 삼국 간의 전쟁에서 큰 공을 세워 실력자로 떠올랐다. 그는 위의 황제에게서 황제의 자리를 물려받는 방식으로 황제가 되었고, 나라 이름을 진(晉)으로 고쳤다(265). 진나라는 한걸음 더 나아가 마지막 남은 오나라까지 정복해서 중국 대륙을 통일할 수 있었다. 하지만 재통일 기간은 겨우 50년에 지나지 않았다(265~316).

통일 후 진나라(서진)는 평온한 시간을 보내는 듯했지만, 사마염이 죽고 난 후에는 많은 문제점이 생겨났다. 사마염은 지난날 위나라가 종실을 너무 억압하여 황실이 고립되었던 상황을 떠올려, 많은 종실 사람들을 주요 지역에 제후로 봉했다. 그러고는 이들에게 군사권까지 주어 힘을 실어주었다. 그 결과 제후들의 세력이 막강해졌다. 결국 사마염이 죽자 이들은 사방에서 들고 일어났다.

설상가상으로 제후들이 봉기하여 진나라가 어수선해지자, 그 틈을 타서 그간 힘을 키워왔던 북방 민족들이 쳐들어왔다. 흉노·선비·강·저·갈 등의 다섯 민족은 당시 진을 침입한 민족 중 가장 강성했다. 이들을 다섯 오랑캐라는 의미로 5호라고 불렀는데, 화북 지역에 16개의 나라를 번갈아 세우며 중원을 지배했다. 그리고 이들을 통일한 것은 북위였다(439).

북위를 세운 것은 선비족의 탁발씨 집안이다. 탁발씨는 서진 때에 '대'를 건국했는데, 이는 5호 16국 중 하나였던 전진에게 합병되었다. 그러다가 전진의 힘이 약해지면서 탁발규가 다시 대를 세웠고, 곧 국호를 '위'로 바꾸었다. 이미 삼국 시대 때 위가 있었기에 이전의 위와 구별하기 위해 '북위'라고 부른다.

탁발규는 세력을 넓히며 화북 지역으로 들어왔다. 그는 중원 지역으로 진출하면서 한족의 정치 제도를 수용했고, 한인들을 중용함으로써 이들을 포섭하려 했다. 이러한 까닭에 태무제 때에는 수많은 한족 세력과 함께 연합 정권을 만들 수 있었다. 그리고 이러한 노력을 기반으로 경쟁 국가였던 북연과 북량을 멸망시키고 분열된 화북 지방을 통일했다.

한편, 멸망당한 진의 남은 세력들은 양쯔강 이남으로 내려와 새 나라를 세웠다. 이를 이전의 진나라와 구분하여 **동진**이라 하고, 이전까지의 진은 **서진**이라 한다. 동진은 문벌 귀족의 힘이 강했다. 그 까닭에 건국 초부터 귀족 세력에 의한 반란이 끊이지 않았다. 반란은 황제의 힘만으로는 진입하기 힘들있는데, 이 과정에서 실권자로 등장한 자가 유유였다. 유유는 군장으로서 귀족들의 반란을 진압하는 데 큰 공을 세웠다. 유유는 북벌을 벌여 자신의 힘을 주변에 과시했고, 급기야 황제를 폐위하고 본인이 황제가 되었다. 이로써 동진은 역사 속으로 사라지고 송이 세워졌다.

남쪽 지역을 지배했던 동진이 송으로 교체되면서 정치는 안정을 찾는 듯했다. 그러나 북쪽을 통일한 북위가 침입해 오자, 맞서 싸우는 과정에서 결국 송은 패했다. 전쟁 과정에서 국력이 많이 손실된 데다 황위 승계 다툼까지 벌어지자, 나라는 그야말로 혼란 그 자체였다.

결국 송은 망했고, 강남 지역에는 제·양·진의 나라가 연이어 들어섰다. 이러한 사정은 북쪽 또한 다르지 않았다. 영원할 것 같던 북위 역시 정치적 혼란으로 동위와 서위로 갈라지고, 동위와 서위는 다시 북제와 북주로 이어졌다. 이처럼 화북과 강남이 양쪽으로 나뉘어 마주 서게 된 시기를 위·진·남북조 시대라 부른다.

효문제, "한족이 될래."

후한 이후 서북 변방에는 '오랑캐'라 일컫는 여러 민족이 만리 장성 안으로 들어와 한족과 함께 살았다. 이들 '호족'은 자신들의 부족 구성 방식은 그대로 갖고 있으면서 한족처럼 농경 생활을 했다. 호족이 중국 지역 안으로 들어와 살 수 있었던 것은 중국이 적극적으로 이들을 포섭하고자 들어와 살도록 했기 때문이다.

그러나 사실 호족 스스로가 한족 문화를 동경했던 측면도 없지 않다. 이들은 처음에는 한족에 비해 경제 수준이 턱없이 낮았지만, 시간이 지나면서부터는 점차 한족과 비슷해졌다.

5호 16국 시대는 서진 때 본격적으로 이민족들이 화북 지역으로 진출하면서부터 시작되었다. 이민족 정권들은 공통적으로 한화(漢化) 정책을 추구했다. 이들은 이번 기회에 유목 생활을 청산하고 농경 사회에 흡수되고자 했다. 그래서 이들은 한족 출신 귀족들을 자신들의 정치에 적극적으로 참여시켜, 각종 제도와 율령을 새롭게 만들었다.

이러한 노력의 결과 다양한 제도들이 고안되어, 안정된 국가를 세우게 되었다. 특히 화북 지방을 최종적으로 통일한 북위는 이러한 한화 정책과 체제 정비를 더 완벽하게 이루어냈다.

통일 직후의 북위는 한동안 평온했지만, 점차 환관들이 황제를 살해할 정도로 정치가 부패했다. 이 시점에 즉위한 효문제는 정치 혼란과 문제를 해결하기 위해 개혁을 실시하고자 했다. 그 개혁 방식의 핵심은 한화 정책이었다.

그는 먼저 낡은 풍속을 뜯어고치고 위계질서를 바로 세워야 한다고 생각했는데, 그러기 위해서는 선비족의 오래된 관습과 질서에서 벗어나야 했다. 그래서 수도를 한족들의 전통적인 수도였던 뤄양으로 옮기고, 본격적인 개혁을 시작했다. 그는 개혁 과정에서 자신의 뜻에 반대하는 태자를 망설임 없이 죽일 정도로 강력한 의지를 보였다. 그리고 내친 김에 태자뿐 아니라 반개혁 세력들도 한꺼번에 모두 제거했다.

효문제는 뤄양에서 기존의 선비족이 아닌 한족 귀족들과 연합하여 나라를 꾸려나가고자 했다. 따라서 정치와 풍속 면에서 한화가 시급했다. 일단 선비족의 성을 모두 중국식으로 바꾸게 했다. 자신의 성 역시 '탁발'씨에서 중국식 성(姓)인 '원(元)'씨로 고쳤다. 그리고 선비족에게 한족의 말을 쓰게 했고 복장도 한족의 것으로 바꿨으며 한족과 결혼할 것을 장려했다.

이러한 적극적인 한화 정책은 단시간에 북위를 '한족의 나라' 로 변화시켰다. 북위 이후의 북쪽 왕조들도 이러한 한화 정책을 계승했다. 그래서 이후 중국 전역을 통일하는 수는 비록 북조의

선비

흉노

북조
북위
(386~534)

강

갈

저

평성

뤄양

고구려

백제

신라

가야

황해

양쯔강

황허

건강

남조
송
(420~479)

동중국해

주장강

남중국해

⊙ 수도
▢ 5호(유목민족)
---- 북위의 최대 영역
······ 송의 최대 영역

· 북조 남조 당시 중국 지도

남북조 시대의 북위와 송의 최대 영역이 표시되어 있다.

왕조였지만 어느 측면에서 보나 한족의 나라나 다름없었다. 더욱이 수는 남조까지 포괄한 통일 제국이었기에 이전 북조 국가들과는 달리 한족의 성격이 강할 수밖에 없었다. 그러나 국가의 정통성을 논할 때는 건국자의 출신에 대해 이야기하지 않을 수 없다. 수는 이민족의 혈통을 이어받았음에도 스스로를 한족의 나라로 규정했다.

효문제는 한족의 관료들에게 새로운 정책을 마련하게 했는데 그 가운데 대표적인 것이 균전제다. 모든 토지는 국가의 소유이며, 국가는 이를 농민들에게 지급하여 경작하게 해서 일정 비율의 세금을 받는 것이다. 오랜 전쟁으로 흩어졌던 농민들을 모으고 이들에게서 안정적으로 세금을 거둘 수 있었다. 이는 국가 수입이 늘어나는 결과로 이어졌다. 균전제는 호구에 따라 토지가 주어졌기에 호적의 파악이 중요했다.

따라서 삼장제를 실시하여 호구 조사와 토지 분배, 세금 징수를 담당하게 했다. 삼장제라 불렀던 이유는 이런 역할을 인장, 이장, 당장에게 맡겼기 때문인데, 5개의 집을 묶어 1린, 5린을 묶어 1리, 5리를 묶어 1당이라 했다.

강남, 경제 번영과 정치 위기의 이중주

남북조 시기에는 시간차를 두며 여러 나라가 존재하기는 했지만, 항상 남조와 북조로 갈라져 양립하고 있었다. 화북 지역은 원래부터 한족의 본거지였고, 정치와 문화의 중심지였다. 그러나 호족들의 침입으로 화북 지역에서 쫓겨난 한족들은 강남으로 터

전을 옮겨야 했다. 강남은 그간 전혀 개발이 이루어지지 않은 미개척지였다. 한족들은 더 이상 이곳을 방치할 수 없어, 본격적으로 강남 지역을 개발하기 시작했다.

사실 강남은 화북 지역에 비해 훨씬 따뜻한 기후와 풍요로운 자연 환경을 가지고 있었다. 그동안 방치해둔 지역이어서 그렇지, 오랜 농경 기술과 경험을 가진 한족이 개발하면서부터는 눈부신 변화를 보였다. 그리고 이는 곧 경제적 부로 이어졌다.

강남 지역은 경제적으로 윤택해졌지만 필연적으로 이주민 출신의 북방 귀족층과 토착 세력이 대립할 수밖에 없었다. 이러한 이유로 정치 체제는 늘 불안정했다. 결국 유유가 송을 세우면서 정권이 교체되었다. 송은 지속적으로 개혁을 진행하여 국력을 키우려고 했다. 그러나 남북이 나뉘어 있는 상황이라, 정치 불안은 항상 내재되어 있었다. 북위의 공격으로 송은 큰 타격을 입었고, 내분까지 일어나 정치 상황은 악화되었다.

이 과정에서 장군 소도성이 황제를 폐하고 새로 '제'를 세웠다. 소도성은 송 말의 정치적 문제점들을 개선하기 위해 노력했으나, 종실 내분과 벌인 권력 다툼 끝에 24년 만에 멸망하고 말았다.

제의 정권을 빼앗은 소연은 국호를 '양'이라 했고, 48년간 황제의 자리를 지켰다. 그는 중앙의 통치 권력을 강화하고 세금을 감면하는 등 백성들의 생활을 안정시켰다.

이때 동위에서 항복해 온 후경이 반란을 일으켰는데, 이 과정에서 소연이 살해되었다. 왕승변과 진패선은 곧 후경을 진압했으나, 황제를 옹립하는 과정에서 둘은 대립했다. 결과적으로 진패선이 왕승변을 죽이고 스스로 제위에 올라 '진'을 세웠다. 그러나 진은 남조 가운데 영토가 제일 작을 정도로 세력이 약했고 즉위하는 황제들마다 무능했다. 결국 진은 북쪽의 수에 의해 멸망했다.

화북, 거듭되는 분열과 통일의 가능성

북조를 통일했던 북위에서는 적극적인 한화 정책으로 정치적으로 안정을 찾는 듯했다. 그러나 급작스러운 한화 정책은 보수적인 선비 귀족들에게서 반발을 샀다. 더불어 변방을 지키기 위해 설치된 6개의 진은 효문제가 뤄양으로 수도를 옮긴 이후에는 전혀 관심을 않았다. 그러다보니 6진의 중요성과 힘이 약해졌다. 이에 6진에서 반란이 일어났고, 북위는 이를 평정하는 데 많은 국력을 소모했다.

이 와중에 황실 내부에서 권력 싸움이 일어나면서 황제가 거듭 바뀌는 사태가 일어났다. 황제는 힘없는 꼭두각시로 전락했

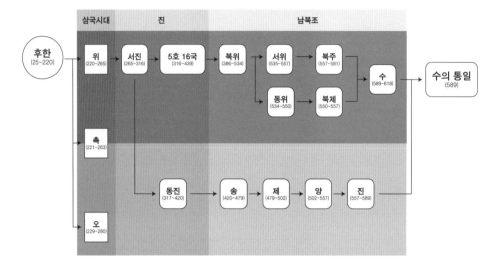

| 삼국시대 | 진 | 남북조 | | | | | | | | |

위·진·남북조 시대 전개도 다이어그램:

후한 (25~220)
→ 위 (220~265) → 서진 (265~316) → 5호 16국 (316~439) → 북위 (386~534) → 서위 (535~557) → 북주 (557~581)
→ 동위 (534~550) → 북제 (550~557)
→ 수 (589~618) → 수의 통일 (589)
→ 촉 (221~263)
→ 오 (229~280)
→ 동진 (317~420) → 송 (420~479) → 제 (479~502) → 양 (502~557) → 진 (557~589)

- **위 · 진 · 남북조 시대 전개도**
  위·진·남북조 시대는 후한이 멸망한 직후(220)부터 수가 건국되기 직전(589)까지의 시기에 해당한다.
  이 시대는 크게 삼국 시대와 5호 16국 시대, 남북조 시대로 나뉜다.

다. 당시 실세였던 고환의 세력이 커지자 그의 간섭을 피하기 위해 황제 효무제는 우문태에게 도망갔다. 그러자 고환은 새로운 황제를 세워 수도를 옮겼는데, 이를 **동위**라 한다. 그리고 우문태역시 효무제를 죽이고 새로운 황제를 세웠는데 이를 **서위**라고한다. 이로써 북위는 동위와 서위로 나뉘었다.

　고환은 동위의 정권을 장악했다. 고환이 죽은 후에는 그의 아들 고징과 고양이 그 뒤를 이어 권력을 잡았다. 결국 고양은 동위

　　　　　　　　제1장 수의 잉태 — 유목 세계와 농경 세계가 하나로

의 황제를 폐하고 스스로 황제가 되었고 국호를 '제'로 바꾸었다. 이를 '북제'라고 부른다. 서위에서도 실권자였던 우문태가 죽고 그의 아들 우문각이 권력을 쥐고 있었는데, 황제를 폐하고는 본인이 스스로 황제가 되었다. 이때 국명을 '주'로 바꾸었는데 흔히 '북주'라 부른다.

이처럼 동위와 서위는 다시 북제와 북주로 이어졌기 때문에, 화북 지역은 여전히 두 개의 나라로 분열되어 있었다.

북제는 황하의 하류를 차지하고 있어 농업이 발달했고, 경제적으로 풍족했다. 그러나 황제들의 통치 능력이 떨어져 정치적인 실수를 거듭하다보니 정치적으로 안정을 꾀하기는 어려웠다.

게다가 북제에 거주하는 한족들은 북제를 지지하지 않았다. 또 귀족들이 대부분의 땅을 차지하고 있어 균전제는 제대로 실시되지 못했다. 그러다보니 농민 봉기가 끊이지 않았다.

이와 달리 북주는 황제권을 강화시키고 균전제와 부병제를 결합시켰다. 평민들을 늘리고자 노비를 해방하고, 승려들을 다시 속세로 돌아가게 했으며 사원의 토지도 몰수하여 농민들에게 나눠 주었다. 이러한 까닭에 북주는 강성해질 수 있었고, 이후 북제를 정복하는 것도 어렵지 않았다. 그리고 북주의 북제 정복은 훗날 수가 중국을 통일하는 기초가 되었다.

하나로 나아가는 화북과 강남

북조든 남조든 새롭게 황제가 되고 나라를 세운 이들의 공통점은 '정통성'을 내세우려 한 것이다. 결국 한나라 황제의 후계자 자격을 갖고 있는지 여부가 정통성을 확보할 수 있는 주요 조건이었다. 이러한 까닭에 남·북으로 나뉜 이 시기는 정치 이론을 발전시키는 시기였다. 북부 정권은 한의 수도가 있던 곳을 지배했기에 이 부분에서 한결 유리했다. 그래서 기존의 정치적 전통을 보전하는 노력을 통해 한 황실을 계승했음을 강조했다.

반면 남부의 정권은 지리 조건에서는 불리했지만 민족성이 한족임을 내세워 정통성을 주장했다. 이들은 '선양'이라는 승계 이론을 만들어내어 정교하게 계승의 정당성을 확보했다. 한의 옥새는 위에게 넘겨졌고, 위는 진에게, 진은 송에게, 송은 제에게 넘겨주는 방식으로 승계되었다. 결론적으로 남조의 통치자들이 정통적인 황제라는 것이다.

이처럼 남조와 북조는 서로 경쟁관계였다. 그러나 양자는 단절된 경쟁자가 아니라 서로 접촉하며 영향을 주고받는 관계였다. 두 지역 모두 한족 문화가 상당한 영향을 미쳤고, 한족의 언어와 문화를 공유했다. 그리고 통치의 정당성을 확보하기 위해 앞서 정치 논리를 만들어낼 만큼 승계 방식 또한 지극히 중국적이었다. 그만큼 공통점이 많았기에 상호 문화는 이질적이기보다는 유사한 측면이 많았고, 이는 이후 하나로 통일되었을 때 자연스럽게 섞일 수 있었던 이유가 되었다.

남북으로 분열된 이 시기는 문화가 꽃피고 새로운 제국이 건설되는 밑거름이 되었다. 비록 정치적으로는 낭파싸움이 끊이지 않고 무질서와 혼란으로 가득한 시기였으나, 많은 이들로 하여금 강력한 중앙 통치 질서의 필요성을 깨닫게 해주었다. 오히려 강력한 통제가 없었기에 좀 더 자유롭고 풍요로운 문화가 만들어질 수 있었다.

03

위·진·남북조 시대의 문화와 예술

남vs.북, 귀족 문화vs.호한 문화

남조에서는 육조 문화라고 하는 귀족 문화가 화려하게 꽃피었다. 육조는 삼국 시대의 오나라와 동진, 남조의 네 나라 송·제·양·진을 합쳐서 일컫는 말이다. 이들 여섯 왕조는 오늘날의 난징인 강남의 건업을 수도로 삼았다는 공통점이 있다. 남조는 짧은 기간 여러 왕조가 세워지고 몰락하는 과정을 거치면서 황제권이 상대적으로 약했다.

이에 반해 귀족들은 안정된 문벌을 형성했고, 황제 이상의 권력을 가지는 명문가가 등장할 정도로 힘이 셌다. 이러한 상황에서 귀족들은 자신만의 독자적인 예술 세계를 추구했다.

게다가 이들은 강남 지역의 따뜻한 기후와 아름다움 풍경 속에서 탐미적인 예술을 추구했다. 더욱이 당시는 현실 도피적인 청담 사상이 유행했던 시기였던 만큼 이들의 예술은 현실과 거리가 멀었다.

이와 달리 북조 문화는 호족 요소가 많이 포함되어 있었다. 북조가 호족의 침입으로 시작되었고, 북조 정권의 지배 계층이 호족이었으니 당연한 결과였다. 그러나 북위의 효문제가 실시한 한화 정책으로 인해 문화의 성격에 한 차례 변화가 찾아왔다. 급격하게 한족의 문화를 수용하는 과정에서 자연히 호한 문화와 융합이 된 것이다. 호족의 문화가 상당히 중국화되기는 했지만, 그래도 호족의 굳세고 씩씩한 측면이 상당 부분 반영되었다.

이렇게 만들어진 호한 문화는 훗날 등장하는 수와 당으로 계승되었다. 이러한 전통은 동아시아 문화권을 형성하는 밑거름이 되었다.

유학의 퇴조와 예술(회화·조각·서체)의 발전

한대에는 유학을 관학으로 만들어 널리 장려했지만, 경전 해석에 치우쳐 큰 발전은 없었다. '당고의 화'[*]로 경학을 배우던 태학생들이 대부분 피해를 입은 데다 황건적의 난으로 생활까지 어려워지자, 더 이상 유학은 필요한 학문이 아니었다. 게다가

---

[*] 후한 말기에 두 차례에 걸쳐 일어난 사상 탄압 사건이다. 수많은 태학생과 사인(士人)이 체포되어 죽임을 당하거나 종신토록 금고에 처해져 관리가 될 수 없었다.

위·진·남북조 시대에는 정치보다는 현실도피 경향이 강해지면서 유학이 쇠퇴하고 현학이 유행했다. 더불어 도교와 불교가 급격하게 발전했다. 그렇다고 유학에 대한 연구가 중단된 것은 아니었다. 당시 유행했던 현학의 대표 경전 가운데 하나가 『역경』이었던 만큼 유학 경전에 대한 연구는 꾸준히 이루어졌다.

또한 세금을 내지 않는 토지를 소유한 사원들이 늘면서 조세가 줄고 불교자들이 출가하여 역을 지지 않으려 하는 상황들이 생겼다. 그러자 통치자들은 유학을 강화하려는 움직임을 보였다. 그래서 국자학에서는 유교 경전을 필수적으로 가르쳤다.

그럼에도 경학은 혼란한 위·진·남북조 시대를 살아갈 어떤 의지나 방향성도 제시해주지 못했다. 게다가 초월적인 세계나 내세에 대한 대안도 없었고 단지 윤리만을 강조했기 때문에 점차 관심에서 멀어졌다.

유학과 달리 예술 분야에서는 괄목할 만한 성과를 이루었다. 특히 회화, 조각, 서법에서 뛰어났다. 인물화에 뛰어났던 위협이나 그의 제자였던 고개지가 당시 회화를 이끌었던 대표적인 예술가들이다. 사실 이들 이전의 화가들은 특별히 공부를 하지 않았고 그림의 기술만 배우는 기술자에 지나지 않았다. 그러나 고개지는 철학과 문학을 공부했고, 앞서 화가에 대한 편견을 깨고

永和九年，歲在癸丑，暮春之初，會于會稽山陰之蘭亭，修禊事也。群賢畢至，少長咸集。此地有崇山峻嶺，茂林修竹，又有清流激湍，映帶左右，引以為流觴曲水，列坐其次。雖無絲竹管弦之盛，一觴一詠，亦足以暢敘幽情。是日也，天朗氣清，惠風和暢，仰觀宇宙之大，俯察品類之盛，所以遊目騁懷，足以極視聽之娛，信可樂也。夫人之相與，俯仰一世，或取諸懷抱，悟言一室之內，或因寄所託，放浪形骸之外。雖趣舍萬殊，靜躁不同，當其欣於所遇，暫得於己，快然自足，不知老之將至。及其所之既倦，情隨事遷，感慨係之矣。向之所欣，俛仰之間，以為陳跡，猶不能不以之興懷。況修短隨化，終期於盡。古人云，死生亦大矣。豈不痛哉。每覽昔人興感之由，若合一契，未嘗不臨文嗟悼，不能喻之於懷。固知一死生為虛誕，齊彭殤為妄作。後之視今，亦猶今之視昔。悲夫。故列敘時人，錄其所述，雖世殊事異，所以興懷，其致一也。後之覽者，亦將有感於斯文。

- **왕희지와 「난정서」**

  왕희지는 중국 역사상 가장 위대한 서예가로 손꼽힌다. 「난정서」는 그의 솜씨가 잘 드러나는 중국 서예
  의 최고 작품으로 인정받고 있는데, 당 태종과 관련된 일화로 유명하다. 당 태종은 「난정서」를 가지고 있
  다고 알려진 자에게 세 번이나 사람을 보내 요청할만큼 「난정서」를 갖고 싶어했다. 원 소유자가 이를 전
  쟁통에 잃어버렸다고 거짓말하자 사람을 보내 「난정서」를 훔쳐오게 했다. 그러자 가지고 온 신하에게
  높은 관직과 금은보화를 상으로 내렸다고 전한다. 당 태종이 얼마나 「난정서」를 간절히 원했는지 추측
  할 수 있는 일화다. 태종은 여러 부 복사본을 만들게 했지만 원작을 너무 아껴 자신의 무덤에 함께 묻게
  했다고 전해진다.

당대 시인들이 쓴 글을 바탕으로 그림을 그렸다.

불교가 전래된 이후 조각 불상 역시 크게 발전했다. 특히 전진
시대부터 만들어진 북조의 석굴 사원은 뛰어난 역량을 보여주고
있다. 서법 또한 하나의 예술로서 발전했다. 행서*를 처음으로 쓴
왕희지는 서성(書聖)으로 불리며 이후 서법의 모범이 되었다. 그

---

* 한자의 10가지 서체 중 하나다. 해서와 초서의 중간 형태로, 획을 약간 흘려 쓴다.

의 아들 왕헌지도 유명했고, 위(魏)의 종요나 진(晉)의 위부인도 서체로 이름을 날렸다.

남조는 주로 초서와 행서의 서법이 널리 쓰였고, 북조는 한대의 전통을 이어 예서에 중점을 두었다. 북조는 비석에 글이 많이 남아 있으나, 남조는 비석을 금했기 때문에 주로 자첩 형태로 서체가 전해진다.

시대가 남긴 천재 시인들, 죽림칠현

한나라의 지도 이념이었던 유가 사상은 현실 정치와 관련이 깊었다. 그러다보니 북조 시대의 개인주의 성향과 자유분방한 사고방식과는 잘 맞지 않았다. 그래서 유가에 대한 반발로 도가 사상이 유행했다. 도가 사상은 유가처럼 국가를 중심에 두는 것이 아니라 개인을 중심에 두었기에 귀족들의 성향과 잘 맞았다.

게다가 전쟁이 자주 일어나는 혼란스러운 현실 속에서 도가 사상은 도피처로서 최적의 사상이기도 했다. 그래서 철학적인 사상을 가진 사람들은 유가와 도가 사상이 결합된 현학에 관심을 가졌다. 심오하다는 '현(玄)'이란 말에서 알 수 있듯이, 심오하고 철학적인 내용을 다루는 학문이었다. 현학은 『주역』 『노자』 『장자』에서 나왔기에 '3현'이라고도 불렸다. 그리고 현학이 유행하면서 이 책들에 대한 관심이 높아졌고, 많은 사람들에 의해 새롭게 재해석되었다.

현학과 더불어 '청담'이라는 대화 방식도 유행했다. 청담이란 세상사에 관해서는 묻지 않고 형이상학적인 것과 관련된 전문적인 이야기를 의미한다. 현학이 내용이라면 청담은 말의 형식이다. 당시 귀족들은 정치 문제에 대해 말을 꺼내는 것조차 싫어한 반면, 유명 인물의 성격에 대해 묘사하거나 자연과 감정에 대해 시의 형식으로 노래하는 것은 즐겼다.

당시 청담의 대표적인 인물로 오늘날까지 회자되는 대표적인 이들이 죽림칠현이다. 혜강, 완적, 산도, 상수, 왕융, 유령, 완함 등이 이에 속한다. 이들은 반유교 입장을 고수했고 개인의 자유로운 삶을 중시했다.

죽림칠현은 개성적이고 특이한 예술가들로 찬양을 받았다. 사회적 명망이 높은 이들이 많았고 사후에는 더욱 높이 평가받았다. 이들은 유교적 도덕관이나 주변의 시선은 개의치 않고 자신의 감정에 충실했으며 기행을 일삼기도 했다.

가령 죽림칠현 중 유령은 세상사에는 관심이 없고 술을 즐겼다. 하루는 그가 목이 말라 아내에게 술을 달라고 하자, 아내는 술그릇을 깨뜨리고는 눈물을 흘리며 술을 너무 마셔 언제 죽을

- **죽림칠현**

  시와 음악에 천부적인 재능을 가진 죽림칠현은 수많은 기행을 남겼다. 세상사에는 무심했고, 오로지 술
  과 예술만을 즐겼다. 죽림칠현 중 유령은 나들이를 할 때마다 작은 수레에 술병을 매달고 다녔다. 시종
  에게는 삽 한 자루를 챙기게 하고는 이렇게 말했다고 한다. "술로 인해 언제 죽을지 모르니, 죽으면 즉시
  나를 묻어버려라."

  위 왼쪽부터 완적, 혜강, 산도, 향수, 아래 왼쪽부터 유령, 왕융, 완함이다. 난징 근처에서 발굴된 4세기의
  묘를 따라 나란히 세워져 있는 벽돌의 두 부분을 탁본한 것이다. ⓒ위키미디어 커먼스

지 모르니 제발 술을 끊어달라고 부탁했다. 그러자 유령은 이렇게 대답했다.

"옳은 말이오. 나 스스로는 술을 끊을 수 없으니 귀신에게 빌기라도 해야겠소. 그러니 술과 고기를 준비해주시오."

아내가 이에 따르자, 유령은 기도하며 말했다.

"하늘이 나를 낳고, 저는 술로 이름을 날렸습니다. 이제 이 술 다섯 말로 숙취를 고치고자 합니다."

그러고는 고기를 안주 삼아 준비한 술을 죄다 마시고는 곤드레만드레 취하고 말았다. 그는 애초부터 술을 그만 마실 생각이 없었던 것이다.

또 죽림칠현 중 한 사람인 완적은 이웃집 처녀가 죽었을 때는 곡을 하며 슬퍼했지만 자신의 어머니가 죽었을 때는 술을 마시고 고기를 먹어 주변 사람들을 당황하게 했다. 뿐만 아니라 자신의 처형에게 말을 건 것에 대해 사람들로부터 도덕적인 질타를 받자, 예의범절은 자신에게 해당되지 않는다며 당당하게 말하기도 했다.

죽림칠현 전부가 이렇듯 엉뚱한 행동을 일삼지는 않았지만, 이들 모두 윤리 규범이나 유교적 도덕에 대해서는 초연한 태도를 보였다. 결국은 이러한 태도로 수난을 겪는 이들도 등장했는데, 죽림칠현의 대표 주자였던 혜강이 이에 해당된다.

죽림칠현의 수장 격이었던 혜강은 조조의 손녀와 결혼한 왕족이었다. 하지만 그는 정치에 관심이 없었고 대장간을 운영하며 청렴하게 생활했다. 그는 현학자로서 명성을 날렸을 뿐 아니라 백성들에게서 뛰어난 능력으로 존경받는 존재이기도 했다. 하지만 당시 위나라는 쇠퇴하고 진이 들어서기 전이었다.

혜강은 사마씨 세력에게 경계 대상이었고, 혜강도 사마씨 세력을 비판했다. 그래서 죽림칠현 가운데 한 사람이었던 산도가 사마소의 추천을 받아 벼슬을 시작했을 때 혜강이 산도에게 절교를 선언한 일화는 널리 알려져 있다. 혜강은 친구였던 여안이 불효죄로 누명을 쓰자 적극적으로 그를 변호했고, 누명을 씌운 여손을 비난했다. 그러나 오히려 이 사건이 빌미가 되어 혜강은 유교적 도덕관을 훼손시켰다는 혐의로 처형되었다.

이처럼 죽림칠현을 비롯한 사회 전반이 예절보다는 자연 그대로 살려는 경향이 커졌던 것은 조조와 위나라의 인재 등용 방식과 무관하지 않다. 당시 위나라는 인재를 등용할 때 인품은 무시하고 재주만 높게 평가했다. 그러자 도덕적인 윤리관에 회의를 느끼면서 규범이란 속박에서 벗어나 본인의 감정에 충실하게 살려는 주장이 커졌던 것이다. 이와 더불어 권세를 가진 귀족 집안은 경제적으로 풍족한 반면 할 일이 별로 없었다. 그러다보니 형이상학적 주제를 가지고 대화하면서 본인을 높이는 것이 인생의 즐거움이 되었다.

또 수시로 정권이 교체되고 집권자가 바뀌는 상황에서 정치적인 이야기를 하는 것은 죽음과 직결되는 일이었다. 그래서 자신의 일신을 보존하기 위해서는 가급적 정치 문제를 말하지 않는 것이 최선의 방법이기도 했다. 그러다보니 현학적인 이야기만 하는 것이 사회적 풍토로 자리 잡은 것이다.

거대한 석굴 사원을 만들다

처음 불교가 중국에 들어온 것은 무역품들과 함께였다. 북부 인도로부터 중앙아시아에 걸친 무역로를 통해 유입되기 시작했다. 이 새로운 신앙은 처음에 외국인이 믿는 이질적인 종교였다. 그러나 서진 말엽부터 상류 사회를 중심으로 확대되었는데, 특히 청담이 유행하는 남북조 시대에는 더욱 그러했다. 불교가 청담의 주제 중 하나가 되면서 상류 계층은 불교에 대해 더욱 열심히 알고자 했다.

북부의 이민족 군주들 역시 불교에 매료되었다. 태생부터 이민족과 한족을 분리하여 차별하는 유교 사상과는 달리 불교는

'평등'의 개념을 강조했다. 이로써 한족과 이민족을 동등한 입장에 설 수 있게 했다. 그리고 불교는 다양한 민족으로 구성된 국가를 통합하는 강력한 근거가 되기도 했다.

중국인들은 불교를 도교의 변형으로 보았다. 이는 불교가 소개될 당시 쉽게 이해하기 위해 도교에 빗대어 설명했기 때문이다. 가령 불교의 '공(空)'을 도교의 '무(無)'와 동일한 개념으로 설명했다. 이처럼 잘못된 불교에 대한 이해는 점차 많은 승려들의 노력을 통해 바로잡을 수 있었다. 대대적인 불교 경전 작업이 이루어졌고, 이는 명확한 불교 교리의 이해로 이어졌다.

이러한 과정을 거치면서 위·진·남북조 시기가 끝나기 전 불교는 중국에서 상당한 영향력을 행사할 수 있었다. 많은 사람들이 불교에 빠져들었던 이유는 기존의 유교와는 달리 불교는 인과응보, 윤회와 같이 사후 세계에 대한 이해와 구원의 가능성을 알려줬기 때문이다. 또 힘들게 하루하루를 사는 이들에게 사찰로 은둔할 수 있는 기회는 삶을 살아가는 새로운 대안이 되었다.

불교가 확대되자 남조에서는 6개 종파로 새롭게 갈렸다. 성실·정토·삼론·율·선·천태종으로 나뉘었는데, 소승 불교인 성실종을 제외한 나머지는 대승불교였다. 그리고 남조의 수도였던 건강에는 500여 개가 넘는 사원이, 북위의 뤄양에는 1,000여 곳에 달하는 사원이 세워졌다. 이러한 과정에서 자연스럽게 승려들의 지위는 향상되었다. 불법에 대한 관심이 커지면서 인도에서 장기간 유학을 하고 오는 승려도 등장했다. 대표적인 승려로 법현이 꼽히는데, 그는 인도에서 3년 동안 유학 생활을 했고, 다녀와서 『불국기』를 남겼다.

남·북으로 갈라져 있는 정치 상황이 오히려 불교문화를 발전

· 윈강 석굴 사원
중국에 불교가 전해지면서 거대한 석굴 사원이 만들어졌다. 석굴 사원은 암벽을 파내서 동굴을 만들고 그 내부를 다듬어서 만든 사원이다. 원래 석굴 사원은 덥고 습한 인도에서 적합한 형태로, 인도에서는 이러한 석굴 사원이 널리 유행했다. 석굴 사원의 건축 방식은 불교가 전래되면서 함께 전해졌다. 중국에서는 둔황, 룽먼, 윈강 등에 조성되었다. 이 가운데 윈강 석굴 사원은 40여 개의 석굴과 5만 점 이상의 불상이 남아 있는 대규모 사원이다. 한국 역시 석굴 사원 형태가 전래되었는데, 석굴암이 대표적이다. ⓒ Kz-e7.

시키는 촉매제가 되었다. 끊임없이 중앙아시아와 교류했던 북조의 불교는 주로 불경을 번역하는 일에 집중했다. 이러한 과정을 통해 북조는 불교가 외래 종교임을 수없이 인지해야 했다.

반면 남조는 철학적인 입장에서 불교를 수용했고, 불교 사상의 교리를 정교화시키는 데 집중했다. 따라서 수·당대에는 남조와 북조의 두 가지 요소가 합쳐지면서 불교 사상을 좀 더 풍요롭게 만들 수 있었다.

불교는 중국의 조각과 그림에 큰 영향을 미쳤다. 특히 북조에는 불교가 전래되는 과정에서 그리스와 인도의 영향을 받은 간다라 미술 양식도 함께 전래되었다. 초기 중국 불교 미술을 확인할 수 있는 곳이 둔황, 윈강, 룽먼 등의 석굴 사원이다. 이들 거대한 석굴 사원은 몇 세기에 걸쳐 만들어졌고, 현존하는 5세기와 6세기 불교 예술의 대부분이 이 속에 담겨 있으며 당시 예술의 우수성을 잘 보여준다.

유목 민족 출신의 황제들이 다스렸던 북조에서는 부처와 황제를 동일시함으로써 불교를 황제권을 강화시키는 수단으로 이용했다. 그러한 까닭에 불교를 적극적으로 장려했고, 황제의 얼굴을 한 거대 불상이 석굴 사원에 만들어지는 등 호국 성격의 불교가 강조되는 특징을 보였다.

도교가 발전하다

도교는 황건적의 난에서 알 수 있듯이 이미 후한 때부터 민중 속에 널리 퍼졌다. 주로 주문을 읊거나 부적을 이용하는 등의 불법 방식이 성행했으나, 민중의 마음을 파고들었고 널리 확대되었다. 그러나 이는 어디까지나 하층민을 내상으로 한 섯이었다. 도교가 상층부에 파고들기 시작한 것은 남북조 시대부터였다.

북위의 태무제는 도교를 국교로 삼았고, 도교식 의식을 거행했으며 도관에 신상을 설치했다. 비록 유학을 숭상할 때는 주된 배척 대상이 되었고, 연단이나 약을 복용하는 등 미신적인 요소가 녹아들어 각종 사회적 폐단을 만들어내기도 했다. 그러나 또 다른 면에서는 약 복용과 관련하여 화학 연구에서 초석을 마련하는 역할을 하기도 했다.

제2장

수의 시작과 끝

01

통일제국의 출발점, 수

수 문제, 남북을 하나로 통일하다

수 문제는 마이클 하트의 『세계사를 바꾼 사람들: 랭킹 100』에서 종이를 만든 채윤, 중국을 최초로 통일하고 통일 집권 국가를 세운 진시황, 공산주의 혁명을 이룬 마오쩌둥과 나란히 이름을 함께 하고 있다. 평가자에 따라 다르겠지만 수 문제가 중국사에서 차지하는 위치는 결코 낮지 않다.

사실상 수 문제 이전의 중국은 수백 년 동안 남북의 여러 나라로 분열되어 있었다. 오랜 시간을 나뉘어 있었기에 중국 또한 동로마와 서로마처럼 분열된 상태가 영원히 지속될 수도 있었다.

그러나 수 문제는 남북을 하나로 통일하는 어려운 일을 해냈다. 그리고 이후 중국은 더 이상 쪼개지지 않고 통일된 상태를 지속시킬 수 있었다. 결국 수 문제는 하나 된 중국을 만들어내는 초석을 마련했다는 점에서 중국사에 미친 영향은 상당하다.

그리고 수 문제 이후 중국은 분열되기 이전보다도 훨씬 공고한 중앙집권적인 관료 체제를 만들어낼 수 있었다.

양견, 오랜 분열의 종지부를 찍다

양견은 541년에 서위의 홍농군 화음현 사람으로, 후한의 학자 양진의 자손이었다. 그의 아버지 양충은 선비족 군벌인 독고신의 부하였다. 성이 한족의 성씨라 한족으로 알려져 있으나, 선비족이거나 선비족과의 혼혈 집안 출신인 것으로 추측된다. 양충은 독고신과 함께 우문각의 쿠데타를 도왔고, 북주가 세워지는 데 큰 공헌을 했다.

이로써 양충은 북주의 최고 실권자가 될 수 있었다. 이때 양견의 나이 열일곱 살이었는데, 그는 아버지 덕분에 표기장군이라는 높은 지위에 올라 권력을 손에 쥘 수 있었다. 나아가 독고신의 딸인 독고가라와 결혼하면서 든든한 기반이 생겨 양견은 북주의 새로운 강자로 주목받았다.

이후 양견은 자신의 딸을 황태자비로 만들었고, 사위 우문윤이 북주의 황제(선제)가 되면서 입지가 더욱 확고해졌다. 577년에는 옆에 있던 나라 북제를 점령하여 화북 지역을 통일하는 쾌거를 이루었다. 이로써 그는 집안의 위세뿐만 아니라 개인적인 능력까지 인정받을 수 있었고, 백성들로부터 인기 있는 세력가가 되었다.

양견의 입지가 커지자, 북주의 황제들은 양견을 견제하기 시작했다. 일찍이 북주의 명제가 양견의 관상을 은밀하게 보게 한 일은 널리 알려져 있다. 관상을 봤던 이가 "양견은 장군감으로, 군주의 관상은 아니다"라고 말하자, 명제가 안도의 한숨을 쉬었다고 한다. 게다가 사위인 선제 역시 수시로 그를 의심했다. 하루는 선제가 황후를 모욕하고는, 양제가 이에 분노하는 내색을 하거든 가차 없이 죽이라고 명한 일도 있었다. 그러나 전혀 개의치 않고 공손한 태도로 일관하여 죽이지 않았다고 한다.

이처럼 양견은 커진 세력만큼이나 당대 지배자들의 견제를 받는 우려의 대상이었다. 그럼에도 양견은 더욱 실력을 인정받았고, 따르는 이도 많아 그 세력 또한 커졌다.

그러던 중 선제가 재위 1년 만에 일곱 살 장남(정제)에게 왕위를 물리고는 이듬해 병사했다. 그리고 이를 계기로 양견은 선제의 유언을 조작하여 섭정이 되었다(580). 황제의 지위를 양견에게 뺏길까봐 그렇게 노심초사하던 선제는 결국 스스로 양견에게 나라를 넘겨준 꼴이 된 것이다. 양견은 양위의 형식으로 황제의 자리에 올랐고, 북주를 폐하고 수나라를 세웠다(581). 그리고 장안을 수도로 삼고 대흥성이라 불렀다.

수의 시작

수나라(581~618)를 새롭게 세운 문제(양견: 황제 즉위 전 이름. 재위 581~604)는 즉위한 직후 외손자였던 정제를 비롯한 우문씨 일족을 몰살했다. 이는 후환을 없애기 위한 조치였다. 그러나 북조의

- **수 문제, 수 양제의 지배 지역도**
  수나라 시대의 지도. 수 문제와 수 양제의 근거지가 서로 달랐음을 보여준다.

귀족들은 강한 결속력을 가지고 있었고, 우문씨는 무천진 군벌의 일족으로 강력한 세력이었다. 게다가 우문씨 일족을 제거하는 과정에서 결혼으로 이어진 다른 가문들도 함께 피해를 입혔다. 이 일로 수 문제는 상당수의 북조 귀족들로부터 원한을 샀다. 수 문제는 이를 무마해야 했고, 그 해결책으로 찾은 것이 통일 전쟁이었다.

본격적인 통일 전쟁은 수 문제가 형주 지역을 장악하고 있던 후량의 효정제에게 수도 장안으로 들어올 것을 명하면서 시작되었다. 당시 후량은 작은 나라로 수를 받들었지만, 남조의 진과 손을 잡고 수에 맞서려 했다. 이에 수 문제는 후량을 멸망시키고 진을 공격했다.

당시 진은 지배층이 분열되어 있는 상태였고, 집권자들은 자신들의 배를 채우느라 백성을 돌보지 않고 횡포만 부려 민심이 돌아선 상태였다. 당연히 수의 공격에 체계적으로 대응하지 못했다. 결국 남조의 마지막 나라였던 진은 멸망했고, 이로써 수는 남북으로 갈라졌던 중국을 완전하게 재통일할 수 있었다(589).

수 문제는 남부를 정복한 뒤, 진의 수도 난징을 파괴했다. 그리고 이곳에 거주하던 관료와 귀족을 새로운 수의 수도인 장안으로 옮겨 와 살게 했다. 이는 이후 발생할 수 있는 남북의 분열을 미연에 차단하고 강력한 중앙 집권 체제를 구축하기 위함이었다.

또한 남조의 귀족들을 북조의 군벌에 맞설 수 있는 세력으로 육성했는데, 이후 이들은 황제를 위해 일하는 신진 세력이 되었다. 더불어 중국 최대의 곡창 지대였던 강남 지역을 차지하면서 수는 경제적으로 풍요로워졌다. 세금으로 거둬들이는 곡물의 양이 엄청나서 창고를 새로 지어야 할 정도였다. 이처럼 수가 강남을 차지함으로써 경제 수익과 정치 안정을 꾀할 수 있었다.

02

수의 건국자, 문제

문제의 통일 정책, 백성을 살리고 나라의 힘을 키우다

문제는 그간 잦은 전쟁과 정치 불안으로 지쳐 있던 백성들을 안정시키는 것을 최우선 과제로 생각했다. 그래서 백성들의 생활을 안정시키고, 민심을 사로잡기 위해 다양한 정책들을 모색했다. 먼저 지방 행정 조직을 간편하게 정리했다. 기존에 있던 지방 행정 조직 중 하나였던 '부'는 없애고 '주'와 '현'만 남겨서 황제가 직접 지방에 관리를 파견했다. 과거 지방 수령에게는 관리 임명권과 군사권이 있었는데, 이러한 권한도 정부가 뺏어왔다. 이로써 엄격하게 지방을 감시하고 통제할 수 있었고, 파견한 관리 또한 철저하게 감시하여 중간에서 세금을 가로채거나 백성들을 수탈하지 못하게 했다.

다음으로는 균전제를 정비하고 이를 토대로 조·용·조법을 시행했다. 균전제 시행으로 농민들은 토지를 갖게 되었고 토지를

- **수 문제(양견)**

  수 문제는 중국 수나라 초대 황제다. 400여 년 동안 지속된 중국 대륙의 혼란기에 종지부를 찍고 하나
  된 중국을 만들어내는 초석을 마련했다.

기반으로 세금을 부담했기에 예전보다 조세와 부역에 대한 부담이 줄어들었다.

백성의 생활이 안정되니 자연스럽게 농업 생산량은 늘어났고, 국가 재정 또한 늘어나는 효과를 거둘 수 있었다. 균전제와 조·용·조를 제대로 시행하기 위해 호구를 반드시 파악해야 했다. 이는 삼장제를 시행함으로써 해결할 수 있었다. 5가를 1보, 5보를 1리, 5리를 1당으로 묶어서 각기 보장, 이장, 당장을 두었다. 이들을 합쳐 삼장이라 하는데, 이들은 매년 호구 조사를 하는 임무가 부여되었다. 그리고 부역을 직접 감독함으로써 향리를 견제하고 지방에 대한 중앙의 통제력을 강화시킬 수 있었다.

문제는 실질적인 혜택을 통해 민중의 생활을 안정시킨 것 외에도 모범이 되는 모습을 보여 백성들의 신망을 얻고자 했다. 그래서 기존과는 다른 지배자의 모습을 보이기 위해 힘썼다.

가장 먼저 행한 것이 근검한 생활이었다. 사치를 엄격하게 금했고, 식사 때는 하나의 반찬만 가지고 먹었으며 낡은 옷을 입었다. 궁녀들 또한 비단옷을 입을 수 없었고 화장조차 단속 대상이 되었다고 한다. 이런 조치를 통해 백성에게 모범이 되는 군주가 되고자 했고, 이는 확실히 기존의 군주들과는 차별화된 모습으로 보였다.

또한 법을 엄격하게 집행했다. 법을 어기면 황족이라도 가차 없이 처벌했다. 그리고 자신에 대해 비판하는 자가 있어도 규정 이상의 처벌은 결코 하지 않았다. 이러한 태도는 안정된 체제와 황제에 대한 신뢰와 호감을 높이는 결과를 가져왔다.

민심을 잡으면서 국가 재정을 늘리는 문제까지 해결해 두 마리 토끼를 한꺼번에 잡았다. 소기의 목적을 달성한 그는 이어서 황제권을 강화시키고 중앙에 힘을 모으고자 했다. 일단 그는 중앙 관제를 재정비하여 3성 6부 체제를 만들고, 기존의 권력 질서를 재조정했다. 3성은 내사성, 문하성, 상서성으로 구성되었고, 상서성 아래 집행 기구인 6부를 두어 주요 업무를 담당하게 했다. 그리고 앞서 말했듯이 지방 관제는 간소화하고 지방이 가진 권한을 중앙으로 흡수하여 모든 권력과 기능을 중앙에서 통제하게 만들었다.

황제권을 강화시키기 위한 가장 효과적인 방법은 귀족 세력을 누르는 것이다. 문제는 중앙 관제를 재정비하면서 업무를 담당할 인재들을 뽑는 방법을 새롭게 고민했다. 이 과정에서 **과거제**라는 획기적인 인재 등용 방법을 만들어냈다. 기존에 행해지던 구품중정제(구품관인법)는 귀족들이 관리를 독점하는 수단이 되었는데, 이를 과감하게 없앤 것이다.

대신 시험을 통해 황제가 원하는 인재들을 관리로 뽑기 시작했다. 과거제 시행으로 당장 귀족 세력을 무너뜨릴 수는 없었지만 왕권을 강화시키는 유용한 수단이 될 수는 있었다. 따라서 과거제가 시행되면서 귀족 세력의 힘은 약해졌다.

문제의 아내 독고 황후

수 문제는 대부분의 정책 결정과 국가의 틀을 만드는 데 그의 아내 독고 황후와 함께했다. 독고 황후는 선비족 군벌 독고신의 딸 독고가라로, 수 문제의 아버지 양충이 섬겼던 선비족 군벌의 딸이었다. 수 문제는 일찍이 그녀와 결혼하여 선비족의 든든한 지지 기반을 확보할 수 있었다.

게다가 황제의 자리에 오르는 데 이러한 기반이 가져다준 영향력은 상당했다. 건국 이후 사치를 금하고 엄격한 법령을 제정했던 것은 그녀의 아이디어로 추측된다. 그녀는 현명했고, 유능한 정치적 조언자였다. 그래서 당시 백성들은 수 문제와 독고 황후를 '두 분의 성인'이라 부르며 존경했다고 한다. 훗날 성리학자들은 여성의 정치 참여에 부정적이었기에 수 문제를 여자에 의존한 무능력한 군주로 평가하기도 하지만, 독고 황후가 수의 체제를 만드는 데 지대한 공헌을 한 것만은 분명하다.

수 문제는 일국의 황제답지 않게 독고 황후만을 아내로 두었으며, 다섯 아들 모두 독고 황후와의 사이에서 낳은 자식이었다. 둘 사이가 돈독해서일 수도 있지만, 그만큼 수 문제가 독고 황후를 감당하기에는 벅찼을 것으로 추측된다. 한번은 수 문제가 독고 황후 몰래 궁녀를 들인 적이 있는데 독고 황후가 이를 알고는 그녀를 죽여버렸다고 한다. 이를 안 수 문제는 화가 났지만 "나는 천하를 다 가졌지만, 자유를 가지지 못했다"며 통탄하는 것으로 그쳤다 하니, 그만큼 황후의 눈치를 많이 보았던 것 같다.

독고 황후의 결정이 반영된 정책은 대체적으로 성공적이었고, 그 덕분에 수의 체제를 안정적으로 잡아갈 수 있었다. 그러나 그녀는 후계자 결정 문제에는 실패했다. 독고 황후는 태자인 양용을 평소 못마땅하게 생각했다. 맏아들 양용은 여러 명의 첩을 거느렸는데, 이는 황후가 가장 싫어하는 점이었다. 반면 둘째 양광은 검소하고 여자를 멀리했으며 온화한 성품의 소유자라 황후가 무척 아끼는 아들이었다.

그러나 사실 양광은 어머니 앞에서 검소한 척 연기를 하는 것이었고, 태자보다 더 많은 여자를 거느렸다. 게다가 첩이 자식을 낳으면 곧바로 죽이는 등의 방식으로 자신의 비밀을 지켰다. 그럼에도 독고 황후는 이를 알아차리지 못했고 급기야 양용을 태자의 자리에서 폐하고 양광을 새 태자로 책봉했다.

양광을 태자로 삼을 당시 수 문제는 양광의 관상을 보게 했는데, 양광이 미리 손을 써둔 덕에 점술가는 "명군이 되실 관상"이라 둘러댔다고 한다. 이에 안도한 수 문제 부부는 태자 교체를 결정했던 것이다. 훗날 수 문제는 양광에게 살해되는데, 잘못된 후계자 선택이 부른 화였다.

문제의 말로

독고 황후가 죽고 나서 수 문제는 더 이상 건국 초기의 수 문제가 아니었다. 의심이 많고 성격이 극단적으로 바뀌면서 조금만 의심이 들면 원로대신마저 간신으로 몰아서 죽였다. 죄인을 잔혹하게 처벌했고, 궁궐 뜰에 형틀을 만들어 매일 친히 매질을 했다. 게다가 그간 독고 황후 때문에 못 했던 것을 한번에 보상이라도 받듯 수많은 후궁을 들여 사치와 향락을 일삼았다.

이처럼 수 문제는 말년에 이상한 성격을 보이고, 정신적으로 병이 깊어졌다. 미신과 점술에 빠져든 것도 국정 운영에 방해가 되었다.

그러던 중 태자 양광이 반역을 꾀하고 있다는 소식을 전해 듣게 되었다. 게다가 후궁 중 한 명이 흐트러진 차림으로 달려와 태

자에게 욕을 보았다고 고하자, 수 문제가 크게 노했다. 그는 다시
태자를 첫째 양용으로 바꾸기로 결정하고 양광을 처벌하려 했
다. 그러나 이를 미리 안 양광이 궁궐을 급습하여 대신들을 죽이
고 수 문제와 형 양용마저 죽였다. 그는 황제로 등극했는데, 그가
양제다(604). 결국 수 문제의 24년간의 재위 기간은 아들 손에 살
해되면서 끝나고 말았다.

03

수의 마지막 황제, 양제

양제의 통치와 수의 몰락

양제(재위 604~618)는 그의 아버지 문제와는 여러 면에서 다른 행적을 보였다. 그간 수 문제가 유지해온 근검한 생활 태도는 일순간 사라졌다. 그는 사치스러운 생활을 하며 황제로서 권위를 과시하려 했다. 즉위한 이후부터 만리장성을 수리하며 다시 쌓았고, 남북을 연결하는 대운하 건설을 지속했다. 궁중 정원을 새롭게 조성하고 태자궁을 새로 짓는 등 대규모 토목 공사를 거듭하여 백성들에게 과중한 부담을 주었다.

이러한 공사에 100만 명 이상의 백성이 동원되었다. 이에 백성들의 원망은 커졌다. 그러고는 이를 무마하고자 정복 사업을 시작했다. 그는 대규모 병력을 이용하여 베트남과 고구려를 침략한 것

- **수 양제(양광)**
  수 문제의 둘째 아들로, 대운하를 완성하면서 백성에게 막대한 부담을 주었다.

이다. 그러나 베트남 침략은 그럭저럭 성공한 반면, 고구려와 벌인 전쟁은 실패로 그쳤다. 고구려와의 전쟁에서 막대한 인력 손실과 어마어마한 비용이 소모되었다.

물론 양제가 남긴 업적도 있다. 그는 아버지 문제의 뒤를 이어 율령을 다시 정비하고, 대운하를 완공했다. 특히 대운하 건설을 통해 남쪽의 쌀 산지와 북쪽의 베이징 지역이 연결되면서 북쪽 변방의 군대에 식량을 공급할 수 있게 되었다. 이로써 중국 대륙이 하나가 되는 교통 체제를 구축했다. 그리고 만리장성을 개축하여 내륙 아시아로부터 중국을 보호할 수 있는 방어 체제도 마련했다.

그러나 그는 문제처럼 백성들에게 모범을 보이는 군주가 아니었고, 심지어 사치스러운 생활로 인해 원망을 샀다. 만리장성 개축이나 대운하 완성을 그의 업적이라 할 수도 있지만, 실상은 백성들에게 상당한 부담을 주는 것들이었다. 사사로이 궁궐을 짓고 장식을 하는 것 또한 민중들에게는 이해할 수 없는 부분이었다.

결국 이로 인해 고통 받던 백성들이 각지에서 반란을 일으켰다. 이는 어쩌면 필연적인 결과였다. 전국이 반란에 휩싸이자 양제는 강도의 별궁으로 피신했는데, 이곳에서 신하에게 살해당했다. 이로써 14년의 재위기간은 끝났고, 통일 제국 수 역시 38년 만에 역사의 뒤안길로 사라졌다.

양제에 대한 새로운 평가

오늘날 양제에 대한 평가를 보면, 하나같이 그를 부도덕하고 무능력한 군주로 평가하고 있다. 물론 양제는 수를 멸망시킨 장본인이기는 하다. 그러나 양제에 대한 평가는 새롭게 재조명될 필요가 있다. 오늘날 남아 있는 양제에 관한 역사 서술은 모두 당 태종 때 편찬된 역사서에서 기인한다. 당시 당은 세워진 지 얼마 되지 않은 신생 국가였고, 건국의 정당성을 확보해야 했다. 그러기 위해서는 앞서 존재했던 수를 평가절하해야 했던 것이다. 그래서 당을 미화하고 당 태종의 업적을 칭송한 반면, 수는 부족한 나라이며 양제는 태종과 대비되는 폭군으로 서술했다.

양제가 가장 도덕적으로 비난받는 이유는 아버지 문제와 형 양광을 살해했다는 사실이다. 그러나 문제는 병으로 사망한 것이라는 일각의 주장도 있고, 설사 양제가 죽였다 하더라도 이는 태종 또한 마찬가지였다. 그도 형과 아우를 살해하고 아버지 고조로부터 황제의 자리를 빼앗았기 때문이다.

그럼에도 역사서에서는 이러한 비도덕적 행위는 묻어둔 채 태종을 현군으로 칭송하는 반면, 양제만 패륜적 인물로 몰아갔다.

그리고 양제가 가장 비난을 받는 대규모 토목 공사도 실은 문제가 앞서 시작한 것들을 이어받은 데 지나지 않았다.

이처럼 양제에 대한 부정적인 평가는 상당 부분 왜곡된 것이 많으리라 생각된다. 실제로 태종 대부터 역사 서술에 황제가 깊이 관여했다. 그러다보니 태종의 의견이 수대의 역사를 서술하는 데 지대한 영향을 미쳤을 것으로 보인다. 따라서 양제에 대한 평가는 새롭게 이루어져야 할 것이다.

04

수제국, 그 존재의 의미

과거제로 선발하는 관리

수나라를 언급할 때 가장 많이 거론되는 것이 과거제 시행이다. 과거제는 중국뿐 아니라 한국과 베트남에까지 수용되어 오랜 기간 지속된 인재 등용 방식이다. 과거 혈통이나 가문을 통해 관리를 선발하는 전통적인 방식에서 벗어나 개인의 실력만으로 인재를 등용하는 방식은 상당히 획기적이었다. 과거제가 시행되면서 지배 계층의 성격이 변화했고, 정치 체제와 학교 교육까지 변화되는 결과를 불러일으켰다. 이러한 과거제를 시행한 수나라는 '과거제 시행' 하나만으로도 높은 평가를 받는다.

중국에서는 진시황제가 중앙집권제를 도입한 이후 겉모습은 황제를 중심으로 관료제가 마련된 것처럼 보였다. 그러나 실상은 유력 가문의 자제들을 중심으로 관리들을 뽑았다. 즉 문벌 지배가 이루어지는 귀족 사회의 형태였던 것이다. 물론 과거제와 비슷하게 시험을 보고 관리를 뽑는 제도가 있긴 했다. 삼국 시대의 위나라 때 도입된 구품중정제가 그것이다. 이는 남북조 시대까지 이어지기는 했지만, 실질적으로는 추천 제도였다. 따라서 유능한 인재를 뽑는 데에는 한계가 있었다. 이후 구품중정제 역시 유력한 귀족 가문이 관직을 독점하는 수단으로 전락했다.

그러던 중 수나라는 지방 제도를 개편하면서 새로운 관리 선발 방식을 모색하게 되었다. 건국 초기 민생 안정을 위해 지방 관제를 간소화시켰으나, 지방을 효율적으로 통제하기 위해서는 예전보다 많은 관리가 필요했다. 지방을 관리하고 효율적으로 통제하기 위해 관리들을 해당 지방에 파견해야 했기 때문이다. 구품중정제와 같이 유력 귀족 가문의 자제를 대상으로 관리를 뽑던 방식은 황제권을 강화하는 데 전혀 도움이 되지 않았다. 그래서 개인의 '실력'만으로 관리를 뽑는 방식을 찾게 된 것이다.

그 결과 문제는 역사상 처음으로 과거제를 실시하여 시험으로 관리를 선발했다(587). 귀족들의 강한 반대에도 불구하고 원하는 사람은 모두 과거에 응시할 수 있는 기회를 주었다. 시험을 통해 고득점자를 관리로 선발하는 시험은 중국 사회를 크게 변화시켰다. 과거 시험을 통과한 지식인이 관리가 되고, 국가의 중요한 일을 맡았다. 자연스럽게 가문보다는 실력을 중시하는 분위기가 나타났다. 이러한 과거 선발 방식은 이후 청나라 말기까지 존속되었고, 동아시아 여러 나라에서도 받아들일 정도로 대표적인 중국의 관리 임용 제도가 되었다.

대운하로 이어지는 화북과 강남

양제는 대운하가 완성되자 배를 타고 물놀이를 했다. 가족과 신하들을 거느리고 출발한 배는 62척이나 되었고, 황제의 전용선이 만들어졌다. 양제는 노 젓는 배를 싫어하여 백성들을 시켜 배를 밧줄로 끌게 했다. 이때 동원된 농민의 수는 8만 명에 달했다.

수제국의 가장 큰 업적은 대운하를 만든 것이다. 대운하를 완성한 것은 양제이지만 대운하를 만들기 시작한 것은 문제였다. 문제는 중국 전체를 통일한 이후, 오랫동안 나뉘어 있었던 남북을 연결하고자 했다.

당시 중국 대륙에는 세 개의 큰 강(황허, 화이어강, 양쯔강)이 있었는데, 이 강들을 이용하여 선박으로 물자를 옮겼다. 그런데 이 강들이 모두 동서로 흘렀다. 남북 방향의 운송로는 없었기 때문에 사실상 남북 간 물자 교류는 육로가 아니고는 불가능했다. 그리고 육로로 이동을 하더라도 적어도 황허와 양쯔강은 건너야 했

• 화북과 강남 지역을 잇는 대운하

대운하는 중국의 베이징과 항저우를 잇는 운하다. 대운하는 수나라 양제에 의해 시작되고 명나라 영락
제 대에 완성된 것으로 알려진다. 「수양제유강남도(隋煬帝遊江南圖)」.

다. 그런데 두 강은 특히 넓고 깊어서 건너기가 여간 어려운 것이
아니었다. 특히 장마철에는 강폭이 넓어져 건너기가 더 힘들었
다. 그래서 이 강들을 남북 방향으로 잇는 대운하를 건설하기 시
작했다. 즉 대운하는 북쪽의 황허강과 남쪽의 양쯔강을 연결한
새로운 '강'인 것이다.

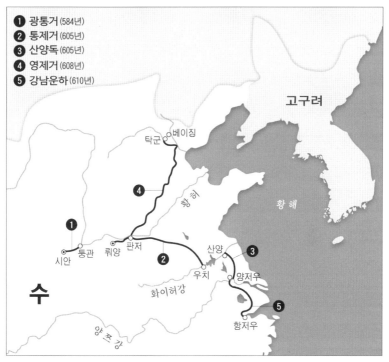

- **① 광통거** (584년)
- **② 통제거** (605년)
- **③ 산양독** (605년)
- **④ 영제거** (608년)
- **⑤ 강남운하** (610년)

고구려

황해

베이징
탁군

④

황
하

산양
③

시안
통관
뤼양
판저
②
우치
양저우

화이허강

⑤

항저우

양
쯔
강

수

- **수대의 대운하**
  수제국의 큰 업적 가운데 하나는 대운하를 만든 것이다. 대운하는 북쪽의 황허와 남쪽의 양쯔강을 연결
  한 새로운 '강'이라고 할 수 있다.

　　공사에 동원된 백성은 늘 춥고 축축한 상태로 일을 해야 했다.
급료는 한 푼도 주지 않으면서 일은 계속되었다. 작업 환경이 열
악하다보니 죽어나가는 사람들도 셀 수 없을 정도였다. 집집마
다 남자들이 공사에 동원되었기에 백성의 삶은 곤궁해질 수밖에
없었다. 게다가 공사에 소요되는 비용은 고스란히 백성에게 세

금으로 부과되었다. 그러니 백성의 원망은 커질 수밖에 없었다.

대운하가 완성된 이후 화북 지역과 양쯔강 이남은 하나로 연결되었다. 대운하는 길이가 1,750킬로미터에 달하는 세계에서 가장 긴 물길이었다. 이 물길을 통해 강남의 풍요로운 물자가 화북으로 옮겨졌다. 항저우에서 베이징까지 선박 운송이 한번에 가능해졌고, 사람들 또한 손쉽게 남북을 오갔다. 상인들은 운하를 오르내리며 물건을 판매했고, 심지어 배를 집 삼아 그 안에서 사는 사람들도 생겨났다. 이와 같은 교류는 각기 독립적으로 존재하던 강남과 강북을 하나로 묶어주었다.

비록 대운하 건설 과정에서 엄청난 비용이 들었고 공사에 동원된 백성들의 고통도 상당했지만, 대운하가 남긴 실용적 효과와 가치는 컸다. 대운하는 이후 원나라 때 대대적으로 물길을 바꾸는 공사를 다시 하여 오늘날의 물길이 완성되었다.

고구려, 결코 넘을 수 없었던 벽

수나라는 중국을 통일하고 동아시아의 강자로 거듭났다. 그러나 수가 세워지기 이전에 중국이 분열되고 혼란스럽던 그 시기에 돌궐이 힘을 키우고 세력을 확대해나갔다. 돌궐은 알타이산맥의 남방을 근거지로 했고, 동서로 갈라져 큰 세력을 형성했다.

동돌궐은 몽골 지방을 차지했고, 한반도에까지 세력을 확대했다. 서돌궐은 이리하 지방에서 파미르 서쪽까지 점령했다. 수나라는 돌궐을 정벌하기 위해 동돌궐과 서돌궐 사이를 이간질하고 싸움을 붙였다. 이민족을 이용해서 다른 이민족을 제압한다는 이러한 이이제이 전략으로 수가 동돌궐과 화친을 맺자, 서돌궐은 불리한 입장에 처했다. 상황이 이렇게 돌아가자 양제는 돌궐 영향력 아래 있던 40여 개 나라들을 정복했다. 그 결과 수는 서역으로 가는 무역로를 확보할 수 있었다. 나아가 양제는 인도차이나 반도에도 영향을 미쳐 조공을 바치게 했다.

만주와 한반도 지역에는 고구려가 크게 성장했는데, 돌궐과 우호 관계를 맺고 있었다. 수는 고구려를 공격하여 전쟁의 위협에서 벗어나고자 했다. 그러나 고구려와 벌이는 전쟁은 쉽지 않았다. 세 차례나 고구려를 침략했지만 매번 실패했다. 처음 고구려를 공격했던 것은 문제였다. 그는 수 건국 초기에 고구려에게 복속을 요구하며 수나라에 대들지 말라고 위협했다. 그러나 고구려는 선제공격으로 맞섰다. 이에 문제는 30만 대군을 전투에 보냈지만 지고 말았다.

문제는 고구려 정벌에서 실패한 뒤 바로 포기한 반면, 양제는 고구려를 끝까지 정복하고자 했다. 그래서 612년에 113만이라는 대규모 병력을 이끌고 고구려를 공격했는데, 고구려의 유격전술에 밀려 참패했다. 그럼에도 양제는 이후에도 거듭 고구려 원정을 준비했다. 하지만 이미 대운하 공사와 전쟁 준비로 백성들은 지쳐 있었기에 각지에서 반란을 일으켰다. 613년 제2차 원정 때 양현감에서 반란이 일어나 철수하지 않을 수 없었다. 민심이 등을 돌린 상황에서 더 이상 전쟁을 준비하는 것은 무리였기 때문이다.

이렇듯 실패로 끝난 고구려 원정은 건국한 지 얼마 되지 않은 수의 권위를 떨어뜨렸다. 더불어 이어진 경제 파탄은 수가 멸망하는 직접 원인이 되었다.

수의 역사적 의의

수는 비록 짧은 왕조였지만 그 존재의 의미는 엄청나다. 수가 가지는 가장 큰 의미는 오랫동안 분열된 중국의 남·북조를 재통일했다는 점이다. 후한 이후 중국은 남과 북으로 갈려 개별적인 문화와 전통을 만들어가며 분단이 고착화되고 있었다. 수가 아니었다면 중국은 양분되어 적어도 아직까지 두 개의 나라가 존속하고 있을지도 모른다. 그러나 수는 불가능할 것 같던 통일을 이루어냄으로써 당제국이 번영할 수 있는 발판을 마련해주었다. 당이 세계 제국으로 나아갔던 것은 결코 우연이 아니다.

수나라를 거론할 때 빠뜨릴 수 없는 사실은 율령체제 정비다. 수는 율령을 반포하여 중앙집권 체제를 마련했다. 이러한 율령 체제는 당으로 이어졌고, 훗날 중국뿐 아니라 주변 각국에 수용되어 법체계와 통치의 근간이 될 정도로 동아시아에 지대한 영향을 미쳤다. 또 수가 새롭게 실시한 균전제와 조용도제, 부병제 역시 당 왕조로 계승되었고, 이는 이후 여러 동아시아 각 국가의 체제를 정비하는 데 영향을 주었다.

또 수는 역사상 최초를 과거제를 실시했는데, 이는 이후 청나라 말까지 1300여 년 동안 지속되었다. 과거제는 한국과 베트남 등 여러 나라의 관리 등용 제도로 채용되었다.

수 양제가 완성한 대운하 공사 또한 강남과 화북을 연결했다는 점에서 큰 의미를 가진다. 단순히 경제 교류만을 가능하게 한 것이 아니라 중국 사회를 하나로 묶어준 계기가 된 것이다. 처음 운하는 정부의 물자만을 운송하는 관영(官營) 전용 수로였지만, 당대 중기 이후부터는 민간에서도 사용하는 유용한 운송 수단이 되었다. 그리고 오늘날까지 유용하게 사용되고 있다.

이처럼 수나라는 비록 짧은 역사를 뒤로하고 사라지긴 했으나, 뒤이은 당나라 번영의 토대를 닦았다는 점에서 역사상 지니는 의미는 상당하다.

제3장

당제국의 건설

01

당제국의 탄생

이세민의 지략과 당제국의 시작

당을 연 사람은 고조 이연이었다. 이연은 관롱 집단 출신으로 수 양제와 이종사촌지간이었다. 양제는 이연을 믿어 그를 태원 유수로 임명했는데, 그에게 맡겨진 주된 임무는 돌궐을 막아내는 것이었다. 그러나 이연은 각지에서 농민 반란이 일어나자 수가 더 이상 존속될 수 없다고 판단했다. 그리하여 그는 그의 아들 이세민과 함께 군사를 일으켜 장안을 함락하고는 양제의 손자를 황제로 올렸다. 당시 양제는 반란을 피해 숨어 있었다. 이 기회를 이용해 이연은 양제를 태상황으로 만들고 수의 정치적 실권을 장악했다. 곧 양제는 부하에게 살해되었고, 이로써 이연은 수를 대신하여 당을 세웠다(618).

당을 건국한 뒤 이연은 법령을 간단하게 만들어 민심을 잡으려 했다. 그리고 남조의 사람들을 적극 등용하여 강남 지방을 통

- **당(唐)을 연 고조 이연(왼쪽)**

  이연은 수 양제로부터 태원 유수 자리를 얻어 돌궐을 막아내고자 했으나 역부족이었다. 이에 그는 수 양
  제를 배신하고, 아들 이세민과 함께 당을 세웠다.

- **당(唐)의 제2대 왕 태종(오른쪽)**

  이연의 둘째 아들이었던 이세민은 황위를 물려받기 위해 형제들을 죽였다. 그는 태종으로 즉위하면서
  당의 체제를 실질적으로 세웠다.

합하기 위해 힘썼다. 그러나 실질적으로 나라를 세우고 체제를
바로 세운 인물은 당의 두 번째 황제인 태종 이세민이었다. 이세

민은 고조 이연의 둘째 아들이었다. 그는 황태자였던 형을 살해하고 동생마저 죽였다. 그 후 아버지로부터 황위를 물려받아 제2대 황제가 되었다.

마침 태종의 재위기는 반란 세력이 여전히 남아 있어 어려운 시기였다. 게다가 연이은 자연재해로 농민들의 생활이 빠듯했다. 그러나 "배고픈 사람은 먹여주고, 목마른 사람은 마시게 한다"는 기본 원칙을 세우고, 백성들의 삶을 안정시키고자 노력했다. 그래서 수의 균전제와 조·용·조 체제를 수용하여 백성들에게 농사지을 수 있는 땅을 나눠 주고, 세금 제도를 개선하여 부담을 줄여 주었다. 그리고 율령격식 체제를 마련하여, 왕조차 통치를 할 때에는 반드시 법률과 제도에 따르도록 했다. 이러한 노력으로 태종은 '정관의 치세(626~649)'라고 일컬어지는 태평성세를 이룰 수 있었다.

태종이 태평성세를 이룰 수 있었던 가장 큰 요인을 꼽자면, 적합한 인재 등용과 신하에 대한 존중이었다. 그는 출신 배경이 다양한 인재들을 모아 각기 장점을 발휘할 수 있는 기회를 주었다. 이렇게 적재적소에 관료들을 배치함으로써 통치를 효율적으로 할 수 있었고, 정관의 치세를 이끈 인재군을 양성할 수 있었다. 또 신하의 말에 귀 기울이며, 이들의 올바른 충고를 수용할 줄 알았다. 자신의 잘잘못을 지적하더라도 이를 고깝게 듣지 않고 겸허히 수용하는 태도를 보였다. 이는 신하들의 신뢰와 존경을 받는 결과로 이어졌다.

더불어 돌궐을 멸망시켜 '천가한'이라는 칭호를 얻었다. 천가한은 돌궐어로 '왕(군장)'이란 뜻으로, 당나라 황제는 중국 한족의 황제이면서 동시에 북방 유목민족의 군장이기도 함을 뜻한다. 즉 중원과 이민족을 통틀어 유일한 지배자라는 의미다.

이로써 당 태종은 농경과 유목 민족을 아우르는 최고 통치자가 되었다. 이것은 한족의 자부심과 긍지를 되찾게 해주었다. 5호의 침입 이후 남북조 시대는 호한체제였으나 이제는 중화주의 체제로 다시금 전환하게 된 것이다.

당 태종에 대한 평가

앞서 살펴보았듯이, 당 태종의 치세 기간은 '정관의 치'라 불릴 정도로 높이 평가받고 있다. 실제 백성의 생활을 안정시키고, 모범적인 군신 관계를 확립했을 뿐 아니라 대외적인 측면에서도 주변 유목민족을 모두 장악하는 탁월한 군주의 모습의 보였다.

그러나 태종은 왕위에 오르는 과정에서 혈육을 살해했다. 게다가 동생의 부인을 비로 맞이하는 등 비윤리적 행위도 서슴지 않았다. 이러한 부도덕한 행위는 양제와 비슷한 점을 많이 보인다. 그럼에는 후세의 사람들은 태종을 천하의 명군으로, 양제에 대해서는 폭군으로 평가하고 있다. 당 태종이 남긴 훌륭한 업적은 분명 많지만, 그럼에도 그 이상으로 높은 평가를 받고 있는 것을 보면 역사란 승자의 입장에서 기록되기 때문일 것이다. 결국 명군으로 남기 위해서는 적어도 정치적인 승자가 되어야 하고, 그의 후손들 또한 오랫동안 집권하고 있어야 가능한 일인 것이다.

당 정권의 성격

북주에서 수와 당으로 이어지는 3왕조는 밀접한 관련을 가지고 있다. 3왕조를 세운 개국 공신은 모두 관롱 집단 출신이었다. 북위가 동위, 서위로 분열되었을 때 서위의 우문태는 서위의 중심지로 위수 지역의 관중 지방을 선택했다. 당시 우문태는 자신의 기반이 되어줄 세력이 필요했다. 이러한 과정에서 세력을 모았는데, 훗날 역사가들은 이들을 통틀어 관롱 집단이라 불렀다. 원래 관중 지방은 선비족의 근거지였다. 북위가 처음 나라를 세웠을 당시 많은 선비족이 관중 지방으로 이주해 왔기 때문이다.

그러나 효문제의 한화 정책으로 수도를 뤄양으로 옮기자, 관중 지방에 남은 선비족들은 뤄양의 선비족처럼 귀족이 되지 못했다. 향리 등의 역할을 하며 지방의 실세로서 남아 있었다. 그러나 서위 이후 중심지가 다시 위수 지역으로 바뀌면서 관중 지역의 사람들이 관리로 대거 선발되었다.

수를 세운 양견 역시 관롱 집단 출신이었다. 수 건국 이후 관롱 집단은 건국 공신으로서 권력을 잡았다. 그리고 당 역시 이들이 주축이 되어 만든 나라였다. 수 양제와 당 고조 이연은 이종사촌 사이였다. 이처럼 북주와 수·당 왕조의 창업자들은 매우 가까운 인척관계였다. 결국 북주에서 당으로 왕조가 교체된 것은, 관롱 집단 내에서 이루어진 지배 체제의 변화에 지나지 않는 것이었다.

그렇다면 수와 당은 선비족 정권이라 말할 수 있을까. 이에 답하기 위해서는 관롱 집단의 성격부터 규정해야 한다.

결론적으로 관롱 집단을 선비족으로 규정하기에는 무리가 있다. 당시 관롱 집단의 족보를 살펴보면 선비족보다는 한족 성을 지닌 한족 출신자들이 많았다. 그렇다고 관롱 집단을 한족으로 규정하는 것도 문제가 있다. 지역 특성상 선비족의 피가 많이 섞여 있었기에 남조의 한인 집단과는 민족적 성격이 달랐다. 그리고 뤄양 천도 이후 한화된 선비족이나 이들과 결합한 한인 귀족과도 계보가 달랐다. 따라서 관롱 집단은 출신 지역으로 구분된 새로운 세력이라 볼 수 있겠다.

　오늘날 북주는 우문씨에 의해 세워진 선비족의 국가로 규정하는 반면 수·당 정권은 한족의 왕조로 규정한다. 그러나 역시 이렇게 규정하는 것 역시 무리가 있다. 수와 당은 북위와 북주를 계승했고 모두 동일한 관롱 집단 출신이다. 비록 북위 이후 선비족의 한화가 급속히 이루어졌지만 이들에게는 선비족의 피가 흐르고 있었기 때문이다.

　따라서 북제와 수·당을 구분하여 선비족과 한족 정권으로 구분하는 것은 잘못이다. 그럼에도 수·당을 이민족 정권만으로 규정할 수도 없고, 한화된 측면을 완전히 부정할 수도 없다는 것을 지나쳐서는 안 될 것이다.

고종의 통치(649~683)

태종이 죽고 그의 아홉 번째 아들 이치가 황제의 자리에 올랐다. 그가 당제국의 제3대 황제인 고종이다. 고종은 원래 황태자가 아니었다. 평소에 인품이 훌륭하다는 평판을 받던 그는, 황태자였던 큰형 승건태자가 반역죄로 폐위되자 막내임에도 불구하고 다른 형들을 제치고 황태자가 되었다. 사실 그는 평소 소심하고 우유부단했기에 그의 아버지 태종조차 황제감으로 생각한 적이 없었다고 한다. 그러나 외척 세력의 후원을 받으며 황제의 자리에 오를 수 있었다.

고종의 통치기는 당제국 역사상 가장 넓은 땅을 차지했던 시기다. 태종의 적극적인 대외 팽창 정책을 고종 역시 그대로 이어갔다. 고종은 657년에 서돌궐을 평정하는 데 성공했고 658년에는 쿠차에 있던 구자국을 점령하여 안서도호부를 쿠차로 옮겼다. 이로써 관할 구역은 더욱 확대되었고 여러 오아시스 국가와 오가는 교역로를 확보할 수 있었다. 659년에는 소그드와 페르가나 지역에 도독부를 설치했다. 660년에는 신라와 연합하여 백제를 멸망시키고, 이어서 668년에는 고구려를 멸망시켰다. 이러한 적극적인 대외 경영은 고종의 역량 덕분이다. 하지만 이는 태종의 경영 방식을 그대로 이어받은 데다 태종 때부터 등용된 훌륭한 신하들이 있었기에 가능한 일이었다.

고종은 대내적으로도 큰 성취를 얻었다. 당나라는 이미 율령격식이 마련되어 있었지만 불완전한 부분이 있었다. 그래서 기존에 만들었던 무덕율령과 정관율령을 종합하여 영휘율령을 새롭게 만들었다. 이는 가장 완성도가 높은 형태로, 이것을 참고하여 일본은 최초의 율령인 다이호 율령을 만들었다. 그리고 영휘율령의 조목마다 주석을 달아 『당률소의』라고도 불리는 영휘율소를 전국에 반포했다. 이로써 율령을 쉽게 이해하게 하고 집행을 효율적으로 할 수 있게 도왔다.

뿐만 아니라 유교 경전과 주석을 통일하기 위해 태종은 통일된 표준 주석서를 편찬하도록 했다. 이어 공영달 등이 편찬한 『오경정의』가 653년에 완성되어 반포되었다. 이로써 당나라 초기의 제도와 법식을 마무리 지을 수 있었다.

그러나 655년에 측천무후를 황후로 맞이한 이후부터 점차 권력의 판도가 바뀌기 시작했다. 고종의 후궁이었던 그녀는 황후가 되기 이전부터 고종에 대한 영향력이 상당했다. 그녀가 궁에 들어온 지 오래지 않아 고종은 신하들이 반대하는데도 기존의 황후를 쫓아내고 그녀를 황후 자리에 앉혔다. 측천무후는 황후 자리에 오른 뒤 황족들과 대신들의 실권을 뺏어오며 정권을 장악했다. 그리고 660년에는 고종이 뇌졸중으로 쓰러졌는데, 이때부터는 모든 정치적 업무를 측천무후가 대신 맡아 했다.

고종은 34년의 재위기 동안 태종의 뒤를 이어 당제국의 최대 영토를 확보했고, 태종이 실패했던 고구려 원정도 성공시킬 정도로 대외적인 성공을 이루었다. 뿐만 아니라 대내적으로도 율령을 정비하고 체제를 안정시키는 등 업적이 상당하다. 그러나 치세기 동안 측천무후의 영향력이 상당했고, 후반기에는 사실상 그녀가 통치를 대신 행했다. 게다가 그가 이룬 성과들도 태종이 이룩했던 정책적 성과의 연장이었기에 그에 대한 전반적인 평가는 높지 않은 편이다.

여장부, 측천무후의 활약

측천무후는 중국 역사상 유일한 여황제다. 그녀는 원래 당 태

- **측천무후(625~705)**
  중국 역사상 전권을 가지고 제국을 지배했던 유일한 여제다.

종의 후궁이었으나, 다시 고종의 후궁으로 들어왔다. 고종의 사
랑을 한 몸에 받으며 당시 황후였던 왕 황후를 몰아냈다. 이 과
정에서 조정은 왕 황후파와 무후파로 갈라져서 대립했다. 당시
왕 황후를 지지하던 이들은 개국 공신 집단이었던 관롱 집단이
었다. 반면 무후를 지지하던 세력은 이적, 이의부 등 산둥 지방을
거점으로 하던 북제 출신들이었다. 결국 측천무후는 왕 황후를
쫓아내고 황후가 될 수 있었는데, 이는 관롱 집단의 몰락으로 이

어졌다. 대신 산둥 지역의 신진 관료들이 새롭게 정권을 잡았다.

황후가 된 측천무후는 조정을 장악했다. 고종이 죽은 후에는 자신의 아들이었던 중종과 예종을 차례로 황제의 자리에 올렸다가 폐하고 마지막에는 본인 스스로 황제의 자리에 올랐다. 그녀는 황제의 지리에 오르면서 나라 이름을 '주'라 했다(690). 참고로 주는 중국에서 가장 이상적인 국가로 손꼽히는 고대 국가이며, 그녀는 나라 이름을 그렇게 붙임으로써 자신이 주나라의 이상을 재현하기 위해 황제가 되었음을 선전했다. 이는 자신의 통치가 정당함을 알리려는 의도였다.

그녀는 스스로 황제가 되기 위해 미륵불이 내려와 여자 황제가 된다는 식으로 불경을 위조하는 등 불교를 적극 이용했다. 뿐만 아니라 자신의 존재를 미화시키기 위해 측천문자를 만들었다. 또 자신의 우호 세력을 만들기 위해 수도 장안 대신 뤄양을 정치와 군사의 거점으로 삼고 과거제를 통해 새로운 관료들을 등용했다. 기존의 귀족 세력은 제거하고 출신에 상관없이 능력만 있으면 관리로 뽑아 썼다. 이로써 귀족 중심이었던 당의 지배층이 점차 과거를 거친 인재들로 바뀌어갔고, 황제권을 강화시킬 수 있었다.

그녀가 통치한 기간은 겨우 15년에 지나지 않지만, 이후 당 사회에 미친 영향은 컸다. 무후가 통치하는 동안 생산력은 꾸준히 향상되었고 사회 질서도 안정되었다. 관제 개혁을 통해 정치를 안정시켰고, 도교 대신 불교를 장려하여 불교가 발전하는 데 큰 역할을 했다. 물론 무후의 통치 과정에서 외척 세력이 다시 커지는 부작용이 생기기는 했다. 그러나 그녀의 치세기 동안에 농민 반란이 단 한 차례로 일어나지 않았다는 사실만 보더라도 그녀가 얼마나 훌륭하게 국정을 운영했는지 알 수 있다.

무후는 조카를 황태자로 책봉하여 그녀가 죽은 후에도 주나라를 무씨 왕조로 이어가려 했다. 그러나 신하들이 강력하게 반대하여 결국 셋째 아들 중종을 다시 황태자로 책봉해야 했다.

그러나 무후 이후 복위한 중종 대에도 비슷한 일이 일어났다. 중종의 아내 위 황후는 측천무후처럼 정치에 간섭하기 시작했고 급기야 남편을 독살하고 권력을 잡았다. 위 황후 역시 무후처럼 황제의 자리에 오르려 했으나, 예종의 아들 이융기가 반란을 일으켜 예종을 다시 황제로 복위시키면서 실현되지 못했다.

훗날 남자들은 무후와 위 황후를 '여화(女禍)'라고 부르며 여자가 정권을 잡았던 것을 강하게 비판했다. 그러다보니 측천무후의 업적이나 성과에 대해서는 무시되었고, 안 좋은 면만 거듭 부각시켰다.

그러나 이러한 시각은 남존여비의 유교적 역사관과 남성 위주의 가치관에서 기인한 것이다. 여자가 정치의 주체가 되어 황제까지 된 경우는 분명 이례적이다. 무후가 이렇게 행할 수 있었던 것은 아마도 호한체제의 성격이 남아 있었기에 가능했을 것이다. 즉 여자들의 발언권이 상내적으로 강했던 유목 민족의 풍습이 반영되었던 것이다. 무후의 통치 시기는 귀족 중심의 문벌 사회에서 능력주의 사회로 넘어가는 혁신의 시기였다. 따라서 무후의 통치 능력과 지도력에 대해서는 새롭게 재평가되어야 할 것이다.

현종의 치세: 개원의 치

무후가 죽은 후 황제가 된 중종은 위 황후에게 독살되었다. 이 융기는 이 상황을 수습하여 아버지 예종을 복위시키고, 스스로 황태자가 되었다. 이 황태자가 바로 현종이다. 현종은 측천무후 이후 위 황후의 정치 관여로 일어난 일련의 정치적인 사건과 이로 인한 정치 혼란을 정리했다.

현종의 통치 시기는 전반부와 후반부로 나눌 수 있다. 전반부는 경제적 번영을 누린 태평성세였다 그는 선정을 베풀고 명재상으로 이름난 요숭, 송경 등을 등용하여 국가를 운영했다. 그리고 귀족 세력을 억제하고 새로운 인재들을 뽑아 정치적인 안정을 꾀했다. 또 인구를 늘리고 농업 생산력을 향상시키고자 노력한 덕분에 경제적 호황으로 물가가 저렴해지고 백성들이 살기 좋은 시대를 이룰 수 있었던 것이다. 이 시기를 '개원의 치' 혹은 '개원시대(713~741)'라 부른다. 당제국의 전성기를 꼽으라면 단연 이 시기를 말할 수 있겠다.

그러나 실상은 국가의 근간이라 할 수 있는 율령체제가 붕괴될 위험이 도사리고 있었다. 번영의 이면에 있는 문제점들이 속속 드러나기 시작했던 것이다. 균전제 시행으로 백성들에게 나눠 준 토지는 제대로 국가에 반납되지 않았고, 이로 인해 추가로 지급해야 할 토지는 터무니없이 부족했다. 나눠 줄 땅이 없으니 균전제 시행 자체가 어려워졌다. 게다가 이런 상태에서 농민들에게 세금(조·용·조)을 강요하니, 나라의 재정은 채워져도 농민은 가난할 수밖에 없었다. 결국 농민은 몰락했고, 균전제를 기반으로 만들어진 부병제 또한 유지가 어려워졌다.

균전농민을 부병으로 징집하는 것이 어려워지자 개원시대 말기에는 모병제로 새롭게 전환했다. 모병제는 병사를 모집하는 것으로, 기존의 의무병제가 아니라 직업 군인을 두는 것이다. 병사를 모집하자 무력에 뛰어난 북방 민족들이 많이 모여들었다.

그리고 당의 영토를 수비하는 군사력을 강화시키는 효과를 가져왔다. 그러나 절도사의 세력이 점차 커지면서 이들의 횡포는 날로 심해졌고, 이후에는 용병으로 들어온 이민족까지 가세하여 변방이 혼란스러워졌다. 결국 이러한 군사제도의 변화는 훗날 안·사의 난으로 이어졌다.

현종과 양귀비, 사랑에 빠지다

현종의 통치기 중 후반부를 천보시대(742~756)라 부른다. 이 시기에 현종은 예전과는 다른 모습으로 변했다. 검소하고 총명했던 황제의 모습은 온데간데없이 사치스럽고 자극적인 것을 찾았다. 정치를 등한시하고 유흥거리만을 찾으면서 충신은 멀리하고 간신을 가까이했다. 이러한 모습은 양귀비를 만나면서 더욱 심해졌다.

양귀비는 서시, 왕소군, 초선과 더불어 중국의 4대 미인 중 한 사람이다. 본명은 양옥환으로 춤과 노래에 능했고, 미모가 출중했다. 원래는 당 현종의 아들 중 하나였던 수왕의 아내였다. 그런데 황후가 죽고 우울해하던 현종이 며느리 양옥환을 보고 사랑에 빠졌다. 그는 양옥환과 아들을 이혼시키고, 며느리를 자신의 여자로 만들었다. 정치에 염증을 느끼던 현종은 양귀비를 만난

- **양귀비**

  중국 4대 미인 중 한 명으로 손꼽힌다. 양귀비는 당 현종의 며느리로 입궁했다가 이후 현종의 후궁이 된다.
  그러나 '안·사의 난'으로 도주 중에 자결하면서 비극적 종말을 맞이한다. (일본 에도시대 다카쿠 아이가
  이의 작품, 1821)

이후 더욱 정치에 관심이 없어졌다. 이 덕분에 양귀비를 중심으로 세력을 만든 환관과 탐관오리가 권력을 잡을 수 있었다. 그리고 그녀의 친인척이 관직을 장악했는데, 양귀비의 6촌 오빠인 양국충이 대표적이다. 양국충은 대표적 부패권력이었는데, 이로 인해 안녹산과 사사명의 난이 유발되었다.

안녹산은 돌궐족 어머니와 국적이 분명치 않은 호족 출신의 아버지 사이에서 태어난 혼혈아였다. 그는 여러 나라의 언어를 구사하고 재치가 뛰어났으며 무예에도 재능을 보였다. 그래서 양귀비는 안녹산을 좋아했고, 현종 역시 그를 총애했다. 현종은 안녹산에게 북쪽 및 동북쪽 변방에 16만 명의 군사를 모으도록 허락했고, 이로써 안녹산의 힘은 더욱 커졌다. 그런데 양국충은 안녹산의 성장에 위협을 느끼고는 그를 없애고자 했다.

안녹산은 이를 눈치 채고 관계가 좋지 않았던 양국충을 제거한다는 명목으로 반란을 일으켰다. 돌궐족, 거란족 등 여러 이민족으로 구성된 그의 군대는 뤄양을 점령했다. 안녹산의 세력은 상당히 컸지만, 처음에는 고선지 장군의 방어에 밀려 장안까지 진출하지 못했다. 그런데 고선지 장군이 모함을 받아 처형당하면서 안녹산 세력은 장안을 점령할 수 있었다.

당시 현종은 양귀비를 데리고 서쪽으로 피난을 떠났다. 피난

도중 성난 군중과 현종을 호위하던 병사들은 나라꼴을 이렇게 만든 양귀비와 그 일족들을 처벌하고자 했다. 결국 현종은 자신의 목숨을 건지기 위해 양귀비를 병사들에게 내어주었다. 이로써 양귀비는 자결했고, 현종과 양귀비의 사랑은 비극적으로 막을 내렸다.

한편 안녹산은 왕위 계승 문제로 아들과 다투게 되었고, 결국 그의 아들 안경서에게 살해되었다. 안녹산의 난에 참여한 돌궐 출신 사사명은 안경서를 죽이고 황제가 되었다. 그런데 그 역시 아들 사조의에게 살해되었다. 이로써 반군의 세력은 약화되었다. 그럼에도 안·사의 난은 쉽사리 진압되지 않았는데, 당 왕조는 결국 위구르족의 도움을 받아 뤄양을 되찾고서야 반란을 끝낼 수 있었다(763).

안·사의 난이 남긴 것들

안·사의 난은 지금까지 있어왔던 농민 반란과는 달랐다. 군대 조직이 주체가 되었던 조직적인 군사 행동이었다. 그리고 참여했던 무인 세력들은 대다수가 이민족이었다. 이들이 일으킨 반란은 남북조 이래 안정적으로 구성되었던 귀족제를 무너뜨렸고 사회 체제의 근간을 흔들어놓았다.

안·사의 난이 8년 동안 지속되면서 당의 체제는 크게 변화되었다. 개원시대부터 흔들렸던 율령체제는 완전히 붕괴되었다. 균전제는 장원제로 변화했고, 부병제는 모병제로 완전히 바뀌었다. 절도사의 수는 늘어났고 이들이 점차 군벌로 성장했다. 군벌이 성장하자 귀족은 몰락했고, 황제는 군벌 세력에 의해 결정되는 힘없는 존재로 전락하고 말았다.

제4장

장안의 화려한 시절

탄탄한 지배체제의 완성

율령 체제

당은 건국 초기에 율령을 반포하고 여러 번 수정했다. 율령격식으로 완전히 정비된 것은 현종 때였다. 율령격식은 형법(율), 행정법(영), 임시법(격), 시행세칙(식)으로 구성되었다. 율령제는 건국초기부터 안·사의 난이 발생하기 이전까지 유지되었다. 율령제를 바탕으로 국가 체제의 틀이 잡혔고, 이러한 방식은 동아시아각국으로 전파되었다. 동아시아의 대부분의 나라들이 법을 만들때 당나라의 율령을 참고했다. 4세기 이후 한반도의 삼국과 7세기 때 일본이 그러했다.

'율'이 처음으로 생긴 것은 진나라 때다. 진·한대를 거쳐 명·청에 이르기까지 '율'은 존재했으며 그 중요성이 컸다. 이렇게 많은 나라에서, 오랫동안 율령이 존재해왔는데도 수·당만을 율령국가 체제로 강조하는 까닭은 당 때에 율령제도가 완성되었기 때문이다. 당의 율령 체제는 균전제, 조·용·조 제도, 부병제와 연결되어 공고하게 만들어졌다. 이러한 이유로 율령체제는 당의 사회·경제 구조와 잇닿아 있다.

게다가 당대 이후의 중국과 한국, 일본, 베트남, 몽골 등의 동아시아에 영향을 주어 율령체제는 동아시아 문화권의 한 요소로 기능했다. 이러한 점에서 수·당의 율령체제는 다른 시대의 율령체제와는 다르며, 그 중요성이 크다 할 수 있겠다.

3성 6부제

당대에는 중앙의 관제를 3성 6부제로 만들었다. 3성은 왕명을 국가 정책으로 올리는 중서성, 이를 심의하는 문하성 그리고 정책을 집행하는 상서성으로 이루어졌다. 중서성에서 제안한 국가 정책이 무조건 통과되는 것은 아니었다. 주로 귀족들로 구성된 문하성은 이들의 이익을 침해하면 거부권을 행사하여 중서성이 올린 정책을 도로 돌려보냈다. 심의에서 통과된 결정은 상서성으로 넘겨졌고, 상서성에서는 업무의 성격에 따라 6개 부서로 나누어 집행하도록 했다.

3성 6부제는 시행상 몇 가지 문제가 있었다. 먼저 국가 정책을 제안하는 것은 황제와 중서성의 중서령만이 논의했기 때문에 다른 행정 기관에서는 정책을 제안한 배경이나 과정을 전혀 알지 못해 소통이 되지 않았다. 게다가 귀족들로 구성된 문하성에서는 거부권이 있었기 때문에 황제권을 지나치게 제한할 여지를 가지고 있었다. 실제로 황제는 정책을 만들려고 해도 귀족들의 거부로 불발되는 경우가 잦았기 때문에 황제의 권위가 많이 낮았다. 그리고 상서성에 소속된 이부가 관리를 임명했다. 그러다 보니 이부에 주어진 권한이 너무 컸다. 즉, 거부권은 귀족들이 관직을 독점하는 수단으로 이용되었다.

당나라 말기에는 귀족 사회가 무너지면서 3성 6부제에도 변화가 생겼다. 거부권을 가지고 있던 문하성이 중서성으로 흡수되어, 황제는 자신의 명을 정책으로 바로 통과시킬 수 있었다. 즉 귀족 사회가 붕괴되는 사회적 현상이 제도상으로 반영된 것이다. 따라서 3성 6부 제도상으로는 황제의 권력이 이전보다 커지는 방향으로 나아갔다.

한편 지방 관제도 새롭게 정비가 되었다. 수나라 때 군을 폐지하고 주와 현으로 구성된 2층 구조를 유지했는데, 당나라 역시 이를 계승했다. 이 밖에도 실제적인 행정 단위는 아니지만 지리적으로 10개의 도로 나누었다. 그러다가 10도에 존무사를 두어 감찰하게 했고, 존무사를 순찰사로 바꾸어 상시적으로 파견했다.

더불어 지방의 핵심 지역에는 도독부를 설치하여 여러 주를 감독하게 했다. 도독부 외에도 대외적으로 정복한 지역에는 설치한 6개의 도호부도 따로 있었다.

과거제도

수나라 때 처음 시행된 이후로 과거제는 중국의 인재 등용 방법으로 널리 쓰였다. 중국의 관리 선발 방식은 크게 두 가지가 있었는데, 전통적인 방식은 추천으로 관리를 뽑는 것이었고, 나머지 하나가 시험으로 뽑는 과거제였다. 시험으로 뽑는 방식은 시험 과목에 따라 선발 기준도 달라졌다. 한대에는 덕행을 중요하게 생각해서 이에 맞춰 관리를 선발했고, 당대에는 유교사상의 경전을 잘 외우거나 문학적인 소양이 높은 사람을 선호했다.

과거 시험은 제1차로 학과 시험을 치르고, 이에 합격한 사람만이 제2차 시험인 면접을 볼 수 있었다. 제1차는 예부에서, 제2차는 이부에서 각각 주관했다. 면접 시험에서는 원칙적으로 몸가짐, 말투, 글씨체 등 평가 기준이 제시되었다.

그러나 정작 시험에서는 출신 가문에 따라 합격 여부가 결정되었다. 즉 아무리 학과 시험에서 우수한 성적을 받더라도 집안이 좋지 못하면 떨어지기 일쑤였다. 결과적으로 예부의 제2차 시험은 관리가 될 수 있는지 자격을 시험하는 것과 다름없었다. 제대로 관리를 선발하는 것은 송대에 가서야 가능해졌다.

시험 과목은 주로 시문과 유교 경전이었다. 시문 시험은 진사과로 이에 합격하면 진사라 불렀고, 유교 경전 시험은 명경과로 여기에 합격하면 명경이라 불렀다. 당나라 때는 명경보다 진사를 더 높게 평가했다. 시문 위주의 진사과를 우대하는 경향으로 진사 합격은 모든 이들의 꿈이었다. "명경을 30세에 급제하면 늦었지만, 진사를 50세에 급제하면 젊은 편(三十老明經 五十少進士)"이라는 말이 있을 정도였다.

과거제도와 밀접하게 관련이 있는 것이 학교였다. 유교 사상 아래서는 전통적으로 소인을 군자로 교육시키고자 했는데, 여기서 군자란 통치자로서 관리를 말한다. 따라서 학자와 관리를 따로 생각하지 않았고, 공부의 최종점은 관직에 나아가는 것이라고 생각했다. 당대의 학교 교육은 이후 중국의 학교와도 마찬가지이지만 과거 시험을 준비하는 기관으로서의 성격이 강했다. 학문적 진리를 탐구하는 기관이 아니라 과거제에 예속되어 있었다고 보는 편이 맞을 것이다.

당나라는 교육을 위해 관학 기관으로서 중앙에 6학 2관을 설치했다. 6학에는 국자학, 태학, 사문학, 율학, 서학, 산학이 있었고, 2관에는 홍문관과 숭문관이 있었다. 이 가운데서도 국자학, 태학, 사문학을 단연 최고로 꼽았다. 이들 학교에는 아무나 입학할 수가 없었다. 귀족의 자제여야만 들어갈 수 있었기 때문이다. 그럼에도 많은 과거 합격자를 배출했기에 입학하고자 하는 이들이 전국에서 몰려들었다. 뿐만 아니라 주변의 나라에서도 수많은 유학생이 몰려올 정도로 당대의 관학은 인기가 높았다.

부병제 그리고 모병제

당은 군사제도는 안·사의 난을 기점으로 크게 변화했다. 원래 당나라는 부병제를 시행했다. 사실상 부병은 군부에 속한 병사라는 의미로 균전을 받은 모든 농민이 이에 해당되었다. 즉 당나라의 백성이라면, 일반적인 농민이라면 당연히 땅을 받고 군대에 동원되어야 했다. 이들은 평상시에는 농사를 짓고 농사를 쉬는 시기에 훈련을 받았다. 그리고 번갈아가며 수도를 방어했고, 때로 전쟁이 일어나면 전장에 나아가 싸워야 했다. 이때 무기를 비롯한 전쟁 비용은 개인이 부담하는 것이 원칙이었다.

부병제는 국가가 군사권을 가지고 있는 것이다. 과거 남북조 시대에는 지방관이나 일부 귀족이 군사권을 가지고 있었던 것과 대비된다. 중앙에서 군사를 통제할 수 있게 되자 이는 중앙집권

체제를 확립하는 데 큰 도움이 되었다. 그러나 균전제가 흔들리기 시작하면서부터는 더 이상 부병제를 존속하기 어려웠다. 국가에서 땅도 제대로 받지 못하는 상황에서 모든 비용을 개인이 부담해야 하는 부병 제도가 농민들에게는 큰 부담이 되었기 때문이다.

결국 균전제가 무너지기 시작한 현종 시기에 사실상 부병제도 함께 폐지되었다. 대신 모병제가 새롭게 마련되었다. 직업 군인을 고용하는 모병제 실시는 절도사 체제와 함께 중앙 정부의 힘을 약화시키는 직접적인 원인이 되었다.

02

사회와 경제의 변화상

귀족의 나라

당을 지배했던 세력은 귀족 계층이었다. 이들은 주로 농업에 종사했던 양민과 그 아래 천민을 오랜 시간 지배했다. 그러나 귀족 계층도 구체적으로 살펴보면 시기에 따라 각기 다른 성격과 출신을 가진 세력들로 교체되었다. 따라서 동일한 선상에서 이들을 이해해서는 안 될 것이다. 건국 초 귀족세력은 출신에 따라 관중, 대북, 산동, 강남 귀족으로 구분되었다. 대북귀족은 관롱 집단으로 일컫는 관중귀족과 함께 당을 건국하는 주축 세력이었다. 따라서 이들은 공신으로 대접받으며 권력을 장악할 수 있었다. 그러나 과거부터 전통적인 귀족으로 인정을 받던 이들은 산동 출신의 귀족이었고, 상대적으로 관중·대북의 귀족은 이들 아래로 인식되었다.

태종은 즉위하자마자 문벌보다는 황제와 관직의 지위를 중시하는 분위기로 변화시키고자 했다. 그래서 신하에게 명하여 당시 귀족들의 집안에 서열을 매기도록 했다. 이 과정에서 편찬된 책이 『정관씨족지』였다. 처음 이 임무를 맡은 고사렴은 당시 귀족들의 의견과 자료를 수집하여 명망 있는 가문부터 1등으로 하여 서열을 매겼다. 이 과정에서 가장 명문가였던 박릉 최씨를 제1등으로 하고, 당을 건국한 농서 이씨는 3등으로 서술했다. 그러나 태종이 이를 반박하며 문벌귀족이 황제를 능가할 수 없음을 말하며 새로 작성하게 한 것이었다.

그 결과 태종의 의도대로 문벌보다는 관직의 지위에 따라 우열을 매기는 사회 분위기가 만들어졌다.

한편 측천무후 때가 되면 측천무후의 섭정을 반대했던 관롱집단을 중심으로 한 구귀족들이 대거 제거되었다. 그들의 자리를 대신한 이들은 과거 시험을 통과한 신진 세력들이었다. 이로써 기존과는 다른 새로운 귀족 세력이 등장한 것이다.

그러나 당 말기로 갈수록 환관의 힘이 강해졌고, 중앙의 귀족들 사이에서는 당쟁이 격화되었다. 또 이미 안·사의 난을 기점으로 절도사들의 세력이 강화되자, 기존의 귀족 사회는 흔들리기 시작했다. 더 이상 예전처럼 귀족의 힘은 강하지 않았고 환관과 군벌에 비하면 약하기만 한 존재들이었다. 따라서 이후 송대로 나아가면 자연스럽게 귀족이 아닌 서민의 사회적 주체 세력으로 부상할 수 있었다.

균전제 운영 방식과 실상

균전제는 북위 때 처음 실시되었고 이것이 수와 당으로 계승되었다. 균전제가 시행된 것은 현실적으로 호족의 대토지 소유를 막고 농민의 생활을 안정시키기 위해서였다. 더불어 균전농민에게 조·용·조를 징수하여 국가 재정을 확보하고 이들을 부병으로 동원하여 군사 문제까지 해결하려 한 것이다. 따라서 균전제는 필연적으로 조·용·조 제도, 부병제와 함께 시행되었다. 그러니 만약 균전제가 무너지면 나머지 제도들도 자연스럽게 무너질 수밖에 없었다.

균전제는 18세 이상의 남자에게 구분전과 영업전을 주고, 60세가 되면 받았던 구분전의 반을 반납하고 사망했을 때 구분전의 다른 나머지까지 모두 반납하는 것이 원칙이었다. 영업전은 세습이 가능한 땅이었다. 이 밖에도 여자는 땅을 받을 수 없었지만 과부의 경우에는 약간의 구분전이 주어졌다. 18세 미만의 호주, 승려나 도사, 상인과 공인인 경우에도 제각기 다른 양의 땅이 주어졌다. 이렇게 경우에 따라 구체적인 시행 방식이 법제화되어 있었으나 운영 방식에서 차이가 있었다. 즉 백성들에게 주어야 하는 땅의 양이 받아야 하는 양보다 적은 경우가 많았다.

균전제는 백성들에게 땅을 줌으로써 최소한의 안정된 생활을 보장하고자 약속했다. 그러나 기존에 행해졌던 귀족들의 대토지 소유를 금하지는 않았다. 그래서 귀족들은 개간이 가능한 황무지를 차지하고 국가의 땅을 사들였다. 평화로운 기간이 지속되면서 당의 인구는 날로 늘어났다. 그런데 늘어나는 숫자만큼 이들에게 땅을 지급해야 하는데 양은 한정되어 있으니 더 이상 나눠 줄 땅이 없었다. 이미 개척할 수 있는 땅을 귀족이 가지고 있으니 국가가 새롭게 개척할 땅은 없었다. 그나마 있는 땅도 불교가 발달하면서 절에 나눠 주고 나니 더욱 상황은 악화되었다.

일부 농민들은 생활이 어려워지면서 나라에서 받았던 영업전과 구분전을 귀족에게 팔았다. 결국 대토지를 소유하는 귀족들은 늘어났고, 균전제 시행이 무색할 정도로 토지의 사유화는 확대되었다. 결국 균전제를 지속하는 것은 불가능했다. 그러니 균전제에 기반한 조·용·조 제도와 부병제도 유지하기 어려운 것은 매한가지였다.

양세법을 시행하다

조·용·조 제도가 무용지물이 되면서 새로운 조세 제도를 시급하게 마련해야 했다. 특히 안·사의 난 이후 몰락한 농민이 많아 호구의 수가 부족한 상황에서 조·용·조 제도는 사실상 시행이 중단되었기에 당나라는 재정난에 허덕이게 되었다. 이를 해결한 것이 양세법이었다. 양세법은 여름(6월)과 가을(11월) 두 번에 걸쳐 세금을 징수했다. 토지의 많고 적음을 기준으로 재산에 따라 호에 등급을 매기고, 호의 등급에 따라 차등적으로 조세를 부과했다. 즉, 국가에서 지출할 총 액수를 미리 정한 다음 이에 맞춰 빈부의 차이를 반영하여 세금을 부과했다.

이 새로운 방식은 빈부의 차이를 반영하여 사회적인 평등을 실현하려 했다는 사실과 금납주의를 지향했다는 점에서 상당히 진보적이었다. 그리고 당장 재정적으로 어려움을 겪고 있던 당 왕조의 숨통을 트이게 해주었다.

물론 양세법은 몇 가지 문제점을 안고 있기는 했다. 재산을 가늠할 때 귀금속과 같은 동산은 반영되기 어려웠다. 그리고 고리대로 인한 수익처럼 은폐된 자산들은 더더욱 반영하기 어려웠다. 더불어 돈으로 세금을 징수하다보니 현물을 돈으로 바꾸거나 현물로 대납하는 경우 관리의 부정비리가 끼어들 여지가 많았다. 게다가 가난한 농민들의 세금 부담은 줄여줄 수 있었지만 국가가 대토지 소유를 인정하는 꼴이 되었다.

이렇듯 여러 문제점을 내포하고 있었지만, 그럼에도 양세법은 균전제가 붕괴되어 사실상 조·용·조 제도를 시행할 수 없는 상황에서 상당히 합리적이고도 적합한 대안이었다. 당 조정은 양세법을 시행함으로써 부족한 재정을 마련할 수 있었고, 이후에도 양세법은 당을 유지할 수 있는 경제 기반이 되었다.

장원제 등장

국가 주도의 균전제가 붕괴되면서 새로운 토지 운영 방식이 등장했다. 귀족과 같은 개인이 대토지를 소유하면서 장원이 확대되었다. 장원을 가진 대토지 소유자는 지주라 불렀고, 자신의 땅을 토지가 없는 농민들(전호)에게 빌려주었다. 지주들은 대개 도시에 거주하는 경우가 많았고, 혹여 향촌에서 거주하는 지주들의 경우에는 부농층으로서 농촌 사회를 장악하고 있었다. 이처럼 8세기 중엽 이후에는 지주·전호제가 확립되었다.

지주의 신분 계층은 대개가 귀족이었다. 그러나 안·사의 난 이후에는 절도사와 같은 군벌 세력이 지주인 경우가 많았고, 환관들 또한 개인적으로 토지를 늘려나가면서 지주로 등장했다.

지주는 장원을 경영할 때 노비를 쓰는 것보다 전호를 이용한 소작 경영을 선호했다. 전호들은 원래 농민으로 땅을 경작하는 데 탁월한 기술과 경험을 갖추고 있었고, 일정 비율의 지대만 지주에게 내면 되므로 열심히 경작하려 했다. 따라서 지주 입장에서는 전호를 이용하는 것이 훨씬 효과적이었다.

장원 안에는 소작을 하는 수백 호의 전호가 모여 살았다. 모여 사는 사람들의 수가 많으니 자연스럽게 상인과 수공업자도 장원 안으로 옮겨와 살았다. 그러면서 촌락이 만들어지고 하나의 촌 또는 리로 발전했다. 송대에는 세금을 부과하는 단위로 활용했고, 명대에는 이갑제로 발전했다.

상업 발달과 도시 확대

당대에는 벼농사가 강남뿐 아니라 화북 지방까지 확대되어 생산량이 늘어났다. 게다가 전쟁 없이 오랜 평화가 지속되면서 인구가 늘어나 소금, 차, 비단에 대한 수요가 증가했다. 비단 생산은 중국 각지에서 이루어지기 시작했고, 소금이나 차 등도 상품화되면서 사람들이 이익을 얻기 위해 앞다투어 생산했다. 게다가 인도에서 설탕을 만드는 기술을 배워왔는데, 이로써 설탕 생산량도 크게 늘어났다.

귀족들의 생활수준이 향상되면서 수공업 제품에 대한 수요도 크게 증가했다. 장안을 중심으로 염색·직조 공장이 세워졌고, 지방에도 철물·제지·직물 등의 여러 공장이 세워졌다. 특히 중국인들이 차를 널리 마시게 되면서 도자기 생산 또한 급증했다. 이렇게 수공업과 각종 산업이 발달되면서 필연적으로 상업이 발달했다. 더불어 유통 과정에서 화폐가 널리 쓰이게 되었고 금융업 또한 발전할 수밖에 없었다.

당시에는 건원중보·건중통보 등 여러 동전이 발행되었고, 상인들 사이에서는 거래의 편이를 위해 비전으로도 불리는 어음을 널리 이용했다. 돈이나 물건을 보관해주는 궤방이 생겨났고 오늘날의 전당포와 같이 물건을 맡기고 돈을 빌릴 수 있는 곳도 생겨났다.

이처럼 각 분야에 걸친 산업 생산력이 증가되고 상품 교역이 확대되었는데, 이는 시장의 확대와 도시의 발달로 이어졌다.

당대 가장 큰 도시는 단연 장안이었다. 장안은 정치 중심지이면서 동시에 대표적인 상업도시이기도 했다. 개원시대에는 인구가 100만 명에 이를 정도로 대도시였고, 수많은 외국인들이 드나드는 국제도시이기도 했다. 이 과정에서 도시 안의 주민들 말고도 외국인들의 왕래로 인한 국제 교역도 활발하게 이루어졌다.

더불어 대운하로 인해 강남의 광주나 양주 등은 무역항으로서 크게 성장했다. 장안을 비롯한 대도시뿐만 아니라 지방의 주와 현에서도 정기적으로 시장이 들어섰다. 이들 시장에는 같은 물품을 파는 상점들이 나란히 모여 있었는데, 이런 같은 업종의 점포를 묶어서 '행(行)'이라 불렀다.

03

장안을 중심으로 꽃피는 문화

장안으로 몰려드는 사람들

황제가 살고 있는 장안의 궁궐은 화려하고 웅장했다. 이 궁궐에는 황제의 유희를 위해 2만여 명에 달하는 광대와 악기 연주자가 항상 대기하고 있었다. 황제는 금은 고삐를 만들어 채우고 갈기는 보석으로 치장한 말 100여 필을 사서 궁에 두었다고 한다. 이 말들은 황제의 유희를 위해 춤을 추도록 훈련되었다. 악사들이 음악을 연주하면 말들은 일제히 몸을 움직이며 춤을 추었다. 고개를 흔들고 앞발을 치켜드는 등 흥겨운 몸놀림으로 황제를 기쁘게 했다. 황제가 죽자 이들 말은 더 이상 필요가 없어져 군대로 보내졌다. 그러던 어느 날 병사들이 마구간에서 판을 벌이고 연주를 시작했다. 그런데 말들이 갑자기 춤을 추기 시작한 것이다. 이에 병사들은 말들에게 귀신이 씌었다며 놀라 달아나는 웃지 못할 상황이 벌어졌다고 한다.

・ **장안성의 구조**

중국 당의 수도인 장안성은 수대에 건설한 대흥성을 당이 계승하여 이름을 바꾼 것이다. 이 도성은 중앙에 주작대로라고 불리는 남북으로 길게 뻗은 도로가 있었으며, 왼쪽에 54개의 방과 동시, 오른쪽에도 54개의 방과 서시를 설치하여 총 110개의 방시로 이루어진 조방도시였다.

과거제를 통해 관리를 선발하다

율령체제가 완성되고 중앙 집권이 이루어지면서 필요한 관리 수는 기하급수적으로 늘어났다. 게다가 당나라가 귀족 사회라고는 하지만 그 귀족의 우위를 결정하는 방식이 예전과는 달라져, 문벌보다는 개인이 점하는 관직의 지위에 따라 상대방을 평가하는 분위기가 조성되었다. 따라서 다들 과거 시험을 통해 관리가 되고자 했고, 관학에 진학하고자 장안으로 몰려들었다.

과거 지망생들이 각지에서 몰려들었고, 이들을 보좌하기 위해 딸려오는 사람들까지 합하면 그 수는 어마어마했다. 게다가 이들이 과거에 합격하여 관리가 되더라도 출신지로 다시 돌아가는 일은 없었다. 중앙에서 관리를 임명했기에 설사 지방관으로 임명이 된다 하더라도 임기가 끝나면 다시 중앙관이 될 수도 있었기 때문이다. 또는 다른 지역으로 임명받을 수도 있기에 중앙관·지방관을 막론하고 생활의 근거지를 장안이 있는 관중 지역에 두었다. 그러다보니 관중 지역은 다른 지역에 비해 인구 밀도가 높은 대도시로 변모했다.

장안으로 인구가 집중되는 현상은 당이 멸망할 때까지 계속되었다. 그런데 장안에는 귀족 세력만 몰려드는 것은 아니었다. 장안에 거주하는 사람들로 인해 소비가 촉진되었고, 자연히 상거래가 활성화되었다. 이에 이익을 좇는 수많은 상인들이 장안으로 몰려들었고, 향촌에서 살기가 어려워 새로운 일자리를 찾는 농민들도 장안으로 옮겨왔다. 게다가 동아시아 각국의 유학생과 승려, 서역의 상인까지 합치면 장안의 인구 증가는 폭발적이었다.

참고로 장안은 거대한 바둑판처럼 규격화된 계획도시였다. 오늘날의 기준으로 축구장이 1만 개는 족히 들어갈 수 있다고 하니 얼마나 거대한지 상상할 수 있을 것이다. 장안성은 사실 다른 나라에 당나라의 위상을 높이고 대국으로서의 강대함을 과시하기 위해서 치밀하게 설계하여 만들었다. 도시 둘레에는 높은 성벽을 쌓았고, 동·서·남쪽 성벽에 대문을 세 개씩 만들었다. 그리고 가운데 대문은 황제만이 출입할 수 있었다.

성안 북쪽에는 황제가 거주하는 황성을 짓고, 그 앞으로 주작대로를 크게 냈다. 주작대로의 폭은 147미터에 달했는데, 이는 세계 최대 규모였다. 그러니 수많은 외국인들은 장안을 오가며 장안성의 거대한 규모에 놀라고, 셀 수 없이 많은 인구에 압도당했을 것이다.

귀족적·국제적인 색채의 문화

남북조의 문화적인 성격은 호한(胡·漢)이 함께 공존했다면 수·당대 이후로는 다시 중국적으로 바뀌었다. 물론 북조를 계승했기에 호족적 특성을 보이는 부분도 있었다.

그러나 전반적으로 우수한 남조의 한족 문화를 숭상하고 적극적으로 수용하려 했다. 게다가 당을 지배하는 일부 귀족 세력들은 남조의 귀족적 전통을 가지고 있었기에 당의 문화 역시 귀족적일 수밖에 없었다.

당은 영토 확장으로 그 어느 때보다 많은 영토를 차지했다. 돌궐과 위구르를 복속시켰고, 한반도의 고구려와 백제를 멸망시켰다. 그리고 베트남까지 정복하여 각지에 도호부를 설치했다. 이런 과정에서 당은 새롭게 접한 이민족 문화에 대해 상당히 관대했다. 그리고 외국인 또한 적극적으로 받아들였는데, 이들 중 재능이 뛰어난 자가 있다면 기꺼이 당 조정의 관료로 선발했다. 외국인을 대상으로 한 빈공과가 있었다는 사실만으로도 이를 충분히 알 수 있다.

내국인과 마찬가지로 외국인에게도 동일한 법률을 적용했고, 마니교·조로아스터교 등 외국 종교를 인정해주었다. 외국 상인들의 상거래와 교역에도 관대하여, 통행증만 있으면 당제국 내에서 얼마든지 장사할 수 있게 했다. 이처럼 다른 나라의 문화나 이민족에 대한 개방적인 태도는 당나라 문화를 국제적인 성격을 띠게 했다.

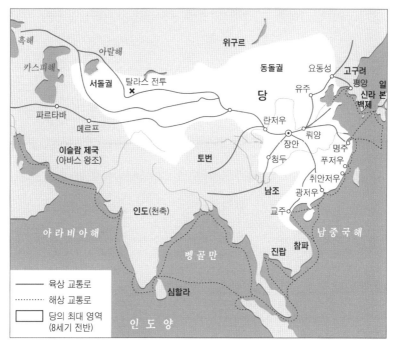

· 장안 중심의 유라시아 교통로

장안은 단순히 당의 수도만이 아니었다. 동아시아 문화가 싹트는 발원지이자 다양한 문화의 융합이 이루어지는 현장이었다.

당에서 활약하는 세계인

후한 말 이후 유목 민족들이 중원으로 진출하면서 대규모 인구의 이동과 함께 문화의 이동도 이루어졌다. 각기 다른 문화를 가진 사람들이 한 지역에서 만나면서 중국 문화의 폭은 더 넓어졌다. 이는 결과적으로 '모든 길은 수도 장안으로 통한다'는 수·

당제국이 등장하는 배경이 되었다. 즉 중국은 이미 민족의 이동을 몸소 체험했기에 다른 민족의 문화를 개방적인 자세로 대할 수 있었던 것이다. 그래서 장안은 역동적으로 문화의 교류가 이루어지는 현장이 될 수 있었다.

당은 영토 확장으로 아시아 전역을 아우르는 대제국이 되었다. 아시아를 비롯해 서역까지 세계 곳곳에서 사신과 유학생, 상인, 승려, 화가, 음악가, 무사 등이 수도 장안으로 몰려왔다. 장안은 단순히 당의 수도만이 아니었다. 동아시아 문화가 싹트는 발원지이자 다양한 문화의 융합이 이루어지는 현장이었다. 장안으로 이어지는 길은 항상 사람들로 북적였고 당에 사는 외국인도 점차 늘어났다. 광저우만 하더라도 거주하는 외국인이 20만 명이 넘었다.

당제국은 외국인이라 하더라도 재능만 있으면 관직을 주었다. 이는 당제국의 개방성을 여실히 보여주는 사례다. 현종 때 활동한 안녹산이나 사사명은 모두 이민족 출신이었다. 그리고 신라의 고선지 장군이나 최치원, 장보고와 혜초 또한 외국인으로서 당에서 활약한 인물이었다. 뿐만 아니라 발해의 대문예도 당에서 명성을 떨쳤다.

일본의 아베노 나카마로는 당의 과거에 합격하여 안남도호부의 도호로서 베트남을 통치했고, 승려 엔닌 또한 당에서 구법 활동을 하고 『입당구법순례행기』를 남겼다.

동아시아 문화권의 완성

동이시아 문화권은 유교, 불교, 율령체제, 한자가 공통직인 요소로 묶인 문화 권역이다. 이에 해당되는 나라로는 중국을 비롯하여 한국, 일본, 베트남 등이 있다. 동아시아 문화권은 이미 한대부터 만들어지기 시작했으나, 결과적으로 당대에 완성되었다.

이렇게 당제국 때에 동아시아 문화권이 완성될 수 있었던 이유는 동아시아 세계의 문화 교류가 활발하게 이루어졌기 때문이다. 이것이 가능했던 것은 당제국의 개방성 덕분이라 할 수 있다. 당나라는 적극적으로 다른 나라들과 교류하며 개방적인 자세로 대했는데, 당과 접촉했던 많은 나라들이 도리어 발전된 당의 문화를 적극 수용하고 전파했던 것이다.

당은 유교 경전에 대한 다양한 해석을 하나로 통일하기 위해 노력했다. 그래서 태종의 명으로 공영달은 『오경정의』를 편찬했다. 이로써 유학은 관학으로서 또 한 번 자리매김했고, 국가를 통치하는 지배 원리로서 인정받았다. 유교주의를 바탕으로 중앙집권적인 지배체제를 지향하는 방식은 동아시아의 다른 나라들도 수용했고, 이는 왕권을 확립하는 효과적인 수단이 되었다.

불교도 당대에 들어와 중국적인 성격의 불교로 자리 잡았다. 이미 그 이전부터 불교는 수용되었고 널리 확대되기는 했지만 외래종교로서의 성격이 강했다. 또 도교의 개념을 빌려와 불교를 이해하려다보니 불교에 대한 이해가 명확하지 않았다. 그러나 불교 사상에 대한 연구가 꾸준히 이루어졌고, 불경을 직접 해석하는 승려들이 늘어나면서 불교에 대한 이해가 깊어졌다.

이 과정을 거치면서 기존의 미신적이고 주술적인 불교에서 벗어나 중국만의 불교가 정립될 수 있었다. 그리고 여러 종파와 교단이 만들어졌다.

율령 체제 역시 앞서 설명했듯이 당대에 완성되었다. 이미 그 이전부터 율령은 만들어졌지만, 핵심적인 국가 체제로 자리 잡은 것은 당대가 처음이었다. 완성된 율령 체제는 동아시아 각국으로 전파되었고, 이들의 통치 체제에 반영되었다. 특히 일본은 당의 율령제를 본격적으로 수용했고, 7세기에 율령국가를 만들었는데 당제국의 구성과 흡사했다. 이는 발해도 마찬가지로 3성 6부를 비롯한 중앙 관제에서부터 대개의 통치 체제를 당에서 차용했다.

마지막 요소인 한자는 앞서 설명한 유학이나 불교, 율령 체제와 같이 문화의 근간을 형성하는 요소라기보다는 다른 요소를 전파하는 수단으로서 널리 사용되었다. 한자는 결코 쉬운 언어가 아니다. 오죽하면 귀족층의 전유물로 통하겠는가. 그럼에도 동아시아 문화의 매개가 된 것은 각국에서 한자를 필사적으로 학습했기 때문에 가능했다. 결국 한자를 열심히 익힌 민족은 문화적 요소를 모두 수용할 수 있었고, 나아가 자신들의 문화로 발전시킬 수 있었다. 반면 한자에 소홀했던 거란, 여진 등의 민족은 문화의 수용은커녕 자신들의 문화도 지키지 못하고 결국 이 세상에서 사라지고 말았다. 결국 한자는 전파 수단이면서 동시에 문화의 존속을 가늠하는 기준이 되었다.

당대의 대표 시인, 이백과 두보

향로봉에 햇살 비춰 발그레 안개 어리고

멀리 보니 폭포는 긴 강줄기를 매단 듯

물줄기가 날아 내려 삼천 자 길이로 떨어지니

구만 리 하늘에서 은하수가 쏟아지는가

-이백, 「여산 폭포를 바라보며」

당나라 때 2,200명의 시인이 남긴 4만 8,900편의 시가 오늘날까지 남아 있다. 이처럼 당대에는 많은 이들이 시를 썼다. 중국의 위대한 시인 가운데 절반이 당의 시인이라는 말처럼 시는 당의 문화를 대표했다. 과거 시험에서도 문학적인 재능을 평가하는 진사과의 비중이 컸다. 특히 시를 짓는 것이 진사과의 중요한 과목 중 하나였을 정도로 시가 당대에 차지하는 위상은 상당했다.

당나라 때는 시의 발전 단계에 따라 초당, 성당, 중당, 만당의 네 시기로 구분했다. 초당은 당시가 서서히 발전하는 단계로 남조 귀족 사회의 영향을 받은 시들이 쓰였다. 따라서 대구와 음조 등 형식적인 것을 강조했다. 성당은 현종의 개원·천보시대에 해당된다. 이때는 자신의 사상과 감정을 표현한 시들이 쓰였고, 문화적으로도 황금기에 해당된다.

당시의 대표적인 시인으로는 당대의 대표 시인인 두보와 이백이 있다. 중당은 안·사의 난 이후의 시기로, 형식적인 미를 버리고 예리한 사회 비판을 하는 시가 주로 쓰였다. 당시의 대표적인 시인으로 백거이와 원진이 있다. 마지막으로 만당은 천박한 사회 풍조가 그대로 반영되어 퇴폐적인 시들이 많이 쓰였다. 걸작이나 뛰어난 시인도 별로 없다. 그나마 즉흥시가 많이 쓰였고, 대표적 시인으로는 두목이 있다.

당의 시는 고금을 통틀어 최고 수준으로 높이 평가받는다. 그리고 이 시기 활동했던 시인 중 특히 손에 꼽는 이들은 시선(시의 신선)이라 불리었던 이백과 시성(시의 성인)이라 불리었던 두보다. 이백은 자가 태백으로 흔히 이태백으로 불린다. 그는 호탕한 성격에 술을 좋아했다. 그는 즉흥적이었고, 흥이 나면 바로 시를 쓸 수 있을 정도로 천재성을 보였다. 그래서 자연과 인간에 대한 자신의 감정을 노래하며 낭만적이면서도 호방한 시를 많이 썼다.

• **이백**(701~762)
이백의 시는 자유롭고 즉흥적이었다. 두보가 시를 지으면서 고심에 고심을 거듭했던 것과는 대조적이다. 이백은 두보가 '술 한 말에 시 100편을 짓는 사람'이라고 표현할 정도로 시를 짓는 데 거침이 없었다.

반면에 두보는 번뇌와 사색이 드러나는 시를 썼고 무엇이든지 신중하게 고민했다. 이러한 이유로 나라를 걱정하고 가난한 백성들의 처지를 안타까워하는 사회 현실이 반영된 시를 많이 남겼다. 두보가 현실적 성향의 시는 쓸 수 있었던 가장 큰 이유는 두보 본인이 안·사의 난을 직접 겪었던 경험 때문이었을 것이다. 두 사람은 각기 낭만주의 시와 현실주의 시 세계를 최고의 단계로 끌어올렸기에 시 영역에서 이들이 차지하는 의미가 상당하다.

미술, 공예, 음악 그리고 과학

불교가 발달하면서 미술과 공예 분야도 상당한 발전을 이루었다. 처음에는 종교화와 인물화가 함께 발전했으나 점차 인물화 쪽이 주가 되었다. 염립본(閻立本)·염립덕(閻立德) 형제와 같이 인물화에 재능을 보이는 화가들이 등장했다. 오도현(吳道玄)은 요철법(凹凸法)과 명암법(明暗法)을 이용하여 입체감 있는 인물화를 그렸다. 그는 산수화에서도 두각을 나타내어 마치 실물을 그대로 옮겨놓은 것과 같은 기암괴석을 그리는 등 새로운 화법을 만들어냈다.

서예도 미술의 한 분야로서 크게 발전했다. 글을 쓰는 이는 해서·행서·초서 등의 다양한 서체를 선택할 수 있었고, 같은 서체

像 施 伯 虞

• **서예가 우세남**
　당나라의 대표적인 서예가 가운데 한 사람.

라 하더라도 개인마다 다른 문체를 만들어냈다. 당시 사람들은
서예 작품 하나하나에 글을 쓴 이의 감정과 성격이 반영된다고
생각했다. 그리고 서예가 사람의 됨됨이를 드러낸다고 생각했기
에 과거 시험의 마지막 단계에서 서예를 쓰게 했다. 당대의 대표

적인 서예가로는 구양순(歐陽詢), 저수량(褚遂良), 우세남(虞世南) 등이 있다.

공예 분야에서는 염색한 비단과 칠기가 많이 만들어졌고, 당삼채가 유행했다. 당삼채는 당대의 도자기를 대표하는 도기였다. 백색의 바탕에 다양한 색깔의 유약을 입혔고, 주로 황색·녹색·백색의 세 가지 색깔을 써서 만들었기에 '삼채'라고 불렀다. 당삼채는 중국의 전통적인 도기 제작 기술에 서역의 무늬와 색칠 방법이 합쳐져 탄생한 것이라고 한다. 특히 서역 사람들의 얼굴과 옷차림이 많이 표현되어 있다. 당대 귀족의 취미, 생활양상을 잘 나타냈다. 보석 세공 기술도 발전했는데, 세공 기술자들은 하얀 진주, 초록빛 옥, 얇게 두드려서 편 금박 같은 것으로 정교하고 아름다운 장신구를 만들어냈다.

또 옻나무의 수액을 받아서 다양한 색깔로 물을 들여 나무와 옷에 칠하고 물들이는 기술도 개발했다. 옻이 마르면 부드럽고 단단한 표면이 생기는데, 이는 마치 오늘날의 플라스틱 같았다.

귀족사회는 의식이 많고 화려했기에 음악 또한 더불어 발전했다. 주로 궁정의례 때 많이 이용되었는데 이를 아악(雅樂)이라 불렀다. 민간에서 유행한 음악은 속악(俗樂), 서역에서 전래된 음악은 호악(胡樂)이라 불렀고, 이들 음악은 사회 전반에서 널리 연주

- **당삼채**

  녹색 저고리에 노란 숄을 우아하게 걸친 귀부인의 모습이다. 서역풍의 의상을 입고 최신 유행의 화장을
  하여 한껏 치장한 모습이다.

되었다.

이 밖에도 일종의 공연인 잡기가 발달했다. 잡기는 궁정뿐만 아니라 도시와 촌락에서 행해졌다. 잡기를 전문적으로 하는 예인이 있었고, 이들은 마을을 돌며 공연했다.

한편 당대에는 천문, 역학, 의학, 인쇄술 면에서 상당한 발전을 이루었다. 그 가운데서도 인쇄기술상의 변화는 상당했다. 원래 중국인들은 나무판에 글씨를 새기고 먹을 묻혀서 종이에 찍어내는 목판 인쇄술은 널리 행해지고 있었다. 그런데 귀족 문화가 발달하면서 점차 출판이 많아졌고 이 과정에서 목판이 아닌 조판으로 인쇄를 하기 시작했다. 인쇄 기술의 발달은 문화를 전파하고 보급하는 데 크게 이바지했다. 귀족만이 독점하던 문화가 민중에게 전파되었고, 대중 문화가 발달하는 계기가 되었다. 그리고 주변 국가에게도 효과적으로 문화가 전파될 수 계기가 되었다.

서민들의 생활

당 전반기에 평화로운 시간이 지속되면서 백성들의 삶은 안정적이고 부유해졌다. 웬만한 집에서는 먹을 것에 대해 고민하지 않을 정도로 삶이 안정되었다. 쌀과 우유를 섞어서 만든 별미를 즐겨 먹었는데, 지금의 아이스크림과 유사했다. 당나라 사람들이 즐겨 먹던 만두는 24종에 이를 정도로 다양했다. 부잣집에서는 옻칠을 한 수저와 그릇을 사용했고 보석으로 장식한 비단옷을 입었다. 여자들은 100가지가 넘는 새들의 화려한 깃털로 치마를 만들어 입었다.

여자들 사이에서는 서역 지방의 헤어스타일과 화장법이 유행했다. 머리는 높이 올려 땋고 입술은 검게 하고 볼은 연지로 붉게 그렸다. 눈가에는 짙은 남청색으로 칠하여 이국적인 느낌이 들게 했다.

장안에서 멀리 떨어진 곳에 살던 일반 서민들의 생활은 둔황의 석굴 사원에서 발견된 문서를 통해 엿볼 수 있다. 당시 호적기록과 토지 및 가옥에 관한 계약서, 초등 교육 입문서 등의 방대한 분량의 문서가 남아 있다. 당시 서민들은 균전제로 땅을 지급받고 사후에 국가에 반납했다. 그러나 균전제로 지급받은 땅은 경작하기 불편해서 소작으로 생활했다. 대개 소작농들은 속박이 되어 있어 이주나 소속을 벗어난 결혼이 자유롭지 못했다. 학교에서는 유교적 윤리를 가르쳤고, 생활 전반에 유교 질서가 자리 잡고 있었다.

둔황의 문서 중 『한 조부의 가훈』을 소개하면 다음과 같다.

부친이 바깥으로 걸어 나가면
아들이 뒤따라야 하고
길에서 어른을 만나면
발을 모으고 손을 모은다.
어른 앞에서는
땅바닥에 침을 뱉지 않는다.

아내는 남편에게 봉사함을
아버지에게 하듯이 하고
목소리를 낮춰야 하며
몸도 그림자도 보이지 않아야 한다.
시아버지와 시아주버님과는
말도 주고받지 않아야 한다.

한편 당시 중국인들은 금속과 화약 약품을 섞어가며 금을 만
드는 연구를 거듭했는데, 이 과정에서 숯과 질산칼륨, 황을 섞어
까만 가루를 만들었다. 이것이 터지면서 화약을 발견하게 된 것

이다. 이후 무기로 개량되었지만 일상생활에서는 가루를 대나무 대롱에 넣어 폭죽을 만들었다. 폭죽은 행사나 축제에서 흥을 돋우는 유흥거리가 되었다.

04

동서 교류의 확대

실크로드의 독점

양제는 즉위 직후 동서교역로인 실크로드를 차지하고 싶었다. 당시 실크로드를 장악하고 있던 민족은 토욕혼이었다. 양제는 토욕혼을 정벌하고 그곳에 군현을 설치함으로써 중앙아시아 지역에 중국의 강성함을 널리 알렸다. 그리고 실크로드까지 손에 넣을 수 있었다. 이후 양제는 신하들을 서역에 파견하여 적극적으로 상인을 중국으로 유치하여 동서 교역이 활발하게 이루어질 수 있는 토대를 만들었다.

수가 멸망하고 당이 들어서고도 이러한 분위기는 변함없었다. 당은 토욕혼을 정벌하여 실크로드의 중심지를 다시 한번 중국의 손에 넣고, 오아시스 지대를 점령하여 서역 경영의 거점으로 삼았다. 한때 서돌궐과 서역 경영을 놓고 다투었으나, 당이 서돌궐을 멸망시키면서 실크로드는 완전히 당제국의 것이 되었다. 실크로드 외에도 티베트고원을 가로지르는 중국과 인도 사이의 교역로가 개척되었고, 바다를 이용하는 교역로도 이용되었다. 동서를 연결하는 교역로들은 동서 문물이 활발하게 오가는 수단으로서 그 중요성이 컸다.

페르시아 카펫에 누워 아라비아 향신료를 맛보다

동서 교역이 활발해지면서 중앙아시아 지방의 상인들의 활동이 두드러졌다. 중앙아시아의 이란계 민족인 소그드인 상인들은 동서의 중계무역을 독점했다. 중국을 비롯해서 인도, 페르시아, 동로마까지 상권을 확대했다. 그들은 당의 수도 장안에 페르시아 카펫, 유리, 악기, 향신료 등 진귀한 물건을 가득 가지고 들어왔다. 소그드인들로 장안은 북적거렸고, 이들이 낙타로 싣고 온 물건들은 당나라 사람들을 열광하게 만들었다.

당나라 수도 장안에서 거주하는 소그드인과 페르시아인은 나날이 늘어났다. 이들은 주로 상업 활동에 종사했지만, 일부는 능력을 인정받아 당 조정의 관리로 선발되었다. 당은 개방적인 자세로 이들을 대했고, 이런 분위기로 인해 더 많은 외국인들이 장안으로 모여들었다. 각국의 사절을 비롯해서 학자나 승려, 예술가도 당나라에 몰려왔다. 이들은 대개가 해당 나라의 상류층으

• **당나라 때 유행했던 양탄자**
서아시아와 중앙아시아의 영향을 받아 만들어진 당나라식 양탄자다.

로, 높은 수준의 문화를 누릴 준비가 되어 있었다. 그리고 당의

문화 요소를 자국에 돌아가 전파할 수 있는 능력이 있는 자들이

기도 했다. 이러한 이유로 당 문화의 수준은 더욱 높아졌고, 각국

에 널리 전파되었다.

당나라에서는 불교뿐만 아니라 다른 외래 종교의 포교도 활발

하게 이루어졌다. 당의 개방적인 문화정책은 비단 예술 분야뿐만 아니라 종교 분야에서도 허용되었기 때문이다.

당제국 내에 들어왔던 외래 종교로는 조로아스터교, 경교, 마니교, 이슬람교 등이 있다. 불을 숭상했던 조로아스터교는 배화교라고 불렀는데, 장안에 거주했던 소그드인과 페르시아인이 숭상했다. 페르시아에서 유행했던 경교도 장안에 교회를 세우고 포교를 시작했다. 페르시아인 마니가 창시한 마니교는 강남 지방에서 널리 유행했다. 마지막으로 아랍인 마호메트가 만든 이슬람교는 회교라고도 불렸다. 중국 내에 거주했던 아랍인을 매개로 널리 전파되었다.

종교가 유입되고 전파되는 과정은 종교 의식이 함께 전파되기 마련이다. 그러다보니 종교 미술과 음악 등 예술의 전파와 교류는 당연한 결과였다. 따라서 당의 예술 세계는 훨씬 더 풍요로워졌다. 서역 음악이 유행하고 서역 지방의 무용도 유행했다. 심지어 궁중 행사에서도 서역의 음악을 사용하는 경우도 생겼다.

여자들은 서역풍의 화장을 하고 옷을 입고, 귀족들은 서역 음식을 먹는 등 생활 풍습에서도 많은 변화를 가져왔다. 격구(폴로) 경기와 같은 오락이 부유층들 사이에서 유행했고, 서역에서 들어온 마술도 널리 유행했다. 저잣거리에서 마술사들이 공을 공중에서 굴리거나 입에서 불을 토한다거나, 칼을 삼키는 등의 기예를 뽐내는 모습을 심심찮게 볼 수 있었다.

반대로 중앙아시아를 비롯한 서역 지역에서는 중국 문화가 유행했다. 중국식 먹거리가 유행하고 중국식 옷을 입었다. 그리고 종이와 비단, 도자기 등이 서아시아 지역으로 전파되면서 큰 인기를 끌었다. 이 가운데 종이를 만드는 기술은 서아시아 지역의 문화 수준을 한 단계 향상시키는 엄청난 결과를 가져왔다.

물론 제지법 전파는 의도했던 바는 아니다. 당이 이슬람 세력과 전쟁을 할 당시에 패하고 말았는데, 그때 잡힌 수많은 당의 포로 중 제지 기술자가 있었다. 이를 계기로 제지술은 아랍 세계에 전파되었고, 삶의 큰 혁신을 가져왔다. 더불어 당삼채는 페르시아에서 큰 인기를 끌어 많은 양이 수출되었고, 바그다드에서는 많은 수의 중국인 화가들이 활동했다고 한다.

당나라에 들어온 서역 문화는 독자적으로 발전한 것이 아니라 기존의 중국 문화와 융합이 되었다. 융합된 문화는 당대의 현실 사회가 그대로 투영되어 귀족적이고 국제적인 색채를 띠었다. 이는 중국에서 그치지 않고 주변의 다른 나라들에도 확대되었다. 특히 한국, 일본, 베트남의 문화 발전에 자극을 주었다.

『서유기』의 삼장법사는 실존 인물?

황제의 명령으로 불경을 구하러 인도에 가는 삼장법사와 그를 따르는 손오공의 이야기는 널리 알려져 있다. 바로 소설『서

• 소설 「서유기」 속 삽화
  삼장법사에게 제자가 되기를 맹세하는 손오공.

유기』다. 이 이야기는 소설로도 널리 알려져 있지만 각종 영화와 만화, 연예 프로그램의 소재로 차용될 만큼 유명하다. 삼장법사는 죄를 지어 산에 갇혀 있던 손오공을 구출해서 낙천적인 돼지 괴물 저팔계와 비관적인 하천 괴물 사오정을 데리고 불경을 찾으러 가는 여행담이다.

온갖 기상천외한 경험을 통해 고난을 이겨내고 목적지에 도착하는 과정은 상당히 흥미진진하여 오늘날까지도 많은 이들에게 재미를 주고 있다. 그런데 소설 속 삼장법사는 작가의 상상력만으로 만들어진 허구의 인물이 아니라 실존 인물을 모델로 하고 있었다. 바로 당나라 때 활동했던 현장법사가 그다.

현장은 불경을 수집하기 위해 629년에 중국을 떠났다. 타클라마칸사막을 지나 북인도를 여행하고, 그곳에서 경전 657부를 가지고 돌아왔다. 이 여행에는 16년이라는 긴 시간이 걸렸고, 645년 그가 중국으로 돌아왔을 때 태종은 현장을 궁으로 불러들여 여행담을 들을 정도로 큰 관심을 보였다. 현장은 여행을 하면서 보고 들은 것들과 불교에 대한 내용을 바탕으로 『대당서역기』를 남겼다. 646년에 발간한 이 책은 모두 12권으로 구성되어 있다. 인도 및 중앙아시아의 언어·풍속·제도·지리가 다채롭게 서술되어 있고, 석가모니에 대한 일화도 상세하게 기록되어 있다.

이 책이 나오자 당대 사람들은 낯설고 신기한 이야기에 큰 관심을 보였다. 이 내용이 후세로 전래되면서 점차 전설화되었고, 여기에 판타지 요소가 가미되면서 오늘날의 『서유기』가 완성된 것이었다.

현장이 가저온 불경은 이후 현징과 여러 승려의 노력으로 중국어로 옮겨졌다. 번역된 경전은 중국 불교의 발전에 큰 공헌을 했다. 이처럼 현장법사는 중국 불교계에 큰 획을 그었다. 더불어 그는 『서유기』의 삼장법사로서 오늘날까지 우리 곁에 영원히 기억되는 존재로 남았다.

화번공주가 무엇이더냐?

당나라는 주변국으로 영토를 확장하면서 점령지의 민족들을 효과적으로 통치하기 위해 해당 지역의 지배자를 지방관으로 임명했다. 어느 정도의 자치를 인정해줌으로써 이들에게 복속시킨 것이다. 그리고 이들과 공고한 관계를 만들기 위해 당의 공주와 현지의 지배자를 결혼시켰는데, 이때 이민족에게 시집간 공주들을 화번공주라 불렀다.

공주는 원래 천자의 딸이나 황족의 부녀자를 일컫는다. 당시 서역이나 북쪽 이민족에게 시집간 화번 공주는 당나라 전 시기를 통틀어 모두 18명이었다. 대표적인 화번 공주로는 흉노족에게 시집간 왕소군, 위구르족에게 시집간 함안 공주, 티베트(토번) 왕과 결혼한 문성 공주 등이 있다. 이들의 결혼으로 주변 국가와 민족에게 당의 문물이 전해졌다. 그리고 그 어느 때보다 상호 문물 교류가 활발하게 이루어졌다. 특히 문성 공주는 당과 티베트의 결속에 크게 이바지했고, 문화를 전파하는 데에도 큰 역할을 했다.

이처럼 당의 전반기에는 화번 공주가 정치 외교에서 중요한 의미를 가졌다. 그러나 점차 시간이 지나면서 당 후반기가 되면 문화 교류나 당제국과 맺은 결속 관계보다는 화번 공주의 지참금만이 중요해졌다.

제5장

당제국의 위기와 새로운 제국의 시작

01

당제국을 흔드는 자들, 절도사와 환관

절도사, 그들은 누구인가?

절도사는 변방을 지키기 위해 임명된 군사령관이었다. 원래 당나라 초기에는 변방에 도호부를 두어 이민족의 침입을 막게 했다. 그러나 점차 이민족의 침입이 잦아지면서 더욱 강력한 경비 체제가 필요했다. 그래서 절도사를 파견하여 변방을 지키게 한 것이었다. 그들이 관할한 지역을 번진이라 한다.

그러나 이들은 변방의 군사권과 행정권, 재정권을 모두 장악하고 있었기에 그 지역에서는 왕과 다름없었다. 안녹산이 난이 일으켰을 당시 금세 장안을 함락시킬 수 있었던 것도 안녹산이 강력한 권력을 쥐고 있던 절도사였기에 가능했다.

안·사의 난은 겨우 진압되었지만 당의 군사력만으로는 불가능했다. 당은 반란 세력을 완전히 없애기에는 역부족이었던 것이다. 그래서 항복한 장수들을 절도사로 임명해주는 등의 방식을 통해 이들 세력과 타협했다.

또 안·사의 난에 참가한 일반 장수들도 절도사로 승진시켜주었다. 그러다보니 원래는 변방에만 설치되었던 번진이 내지까지 확대되었고, 절도사의 수는 급속도로 늘어났다. 이들은 이들의 번진이 설치된 지역에서 행정권과 군사권을 장악했다. 그 과정에서 차츰 군벌로 변신했고, 급기야 난을 일으켜 당 왕조에 도전했다.

환관의 횡포: 황제는 내 손바닥 위에 있소이다

당 건국 이후 점차 늘어나던 환관의 수는 현종 말기에 3,000여 명에 이르렀다. 그리고 그들은 안·사의 난 직후부터 중요한 정치 세력으로 급성장했다. 그 이유는 안·사의 난 이후로 황제들이 절도사들을 직접 통제하는 것이 사실상 어려웠기 때문이다. 절도사를 통제하기 위한 무관마저 믿기 어려운 상황에서 황제들은 절도사를 통제하고 감시하는 역할을 최측근인 환관들에게 시켰다. 따라서 환관들이 직접 중앙군을 지휘했고, 이 과정에서 이들은 권력을 장악할 수 있었다.

게다가 환관들은 황제의 명령을 각 부서에 전달하는 추밀사 역할도 맡았다. 덕분에 환관들은 궁중 비밀뿐만 아니라 국가 기밀을 소상하게 알게 되었다. 환관의 세력은 점차 커졌고, 귀족들은 서로 치열하게 당쟁을 하느라 이를 막지 못했다.

환관의 힘은 황제를 넘어서서 급기야 황제를 올리거나 내리는 상황까지 나타났다. 게다가 때로는 황제를 살해하는 일도 생겼다. 헌종이 환관에게 살해된 후 7명의 황제는 모두 환관이 세운 이들이었다. 이처럼 황제는 환관의 꼭두각시로 전락했고, '문생천자'라는 말이 유행할 정도였다. 참고로 '문생'은 제자나 학생을 의미하는데, 황제인 '천자'를 환관이 얼마든지 마음대로 다룰 수 있는 아랫사람처럼 생각했기에 붙인 별칭이었다.

진이나 한나라 때에도 환관이 권력을 잡았던 시절은 있었다. 그러나 당나라 때 환관의 횡포는 말도 못 할 정도로 심했다. 대표적인 환관으로는 현종 때의 고력사가 있다. 그는 현종의 신임을 얻고 세력을 잡았는데, 나라를 어지럽힌 대표적인 인물이다. 이 밖에도 이보국, 정원진, 어조은 등이 있었다. 한때는 이들의 세력을 약화시키고자 군사 지휘권을 뺏어온 적도 있었다.

그러나 모병제로 바뀐 이후 장수와 군졸의 관계가 긴밀해졌기에 도저히 사병을 거느리고 있는 장수들을 믿을 수 없었다. 따라서 무관이 가져야 마땅한 군 지휘권은 결국 환관들 손에 다시 넘어왔다. 당 말에는 황제들과 고관들이 도저히 환관의 횡포를 참을 수 없어 환관을 없애기 위한 계획을 여러 번 세웠다.

그러나 매번 사전에 발각 나서 도리어 대신들이 살해당했고, 심지어 황제들도 폐하고 새로 세워졌다. 결국 황제는 환관 세력을 없애기 위해 절도사의 힘을 빌려야 했다. 결과적으로 절도사 주전충을 불러 환관 세력을 모두 없앨 수 있었으나, 당은 절도사들에 의해 멸망했다.

02

민중의 저항

농민 봉기의 시작

당 정부는 변방에 있었던 번진을 안·사의 난이 일어나자 국내 요지로 옮겨왔다. 즉, 외적을 막기 위해 만들어진 번진의 군대를 내란을 막기 위해 이용했던 것이다. 그러나 번진 중에는 독자적으로 군사·행정·재정의 권한을 행사하면서 소왕국과 다름없이 행동했고, 노골적으로 당 왕조에 저항하기도 했다. 당황한 당 왕조는 번진의 성장을 막기 위해 중앙군을 강화시키고자 했다. 그러기 위해서는 돈이 필요했는데, 이는 곧 백성들에 대한 가혹한 세금 수탈로 이어졌다.

백성들은 이미 환관의 횡포와 당쟁의 격화라는 정치적 소용돌이 속에서 괴로워하고 있었다. 중앙의 통치가 엉망이니 백성에 대한 정책이 제대로 마련될 리 없었다. 게다가 지방에서는 절도사들과 이들 아래 있는 군졸들의 수탈과 무례한 행동으로 생활이 어려웠다. 그 와중에 중앙에서 세금까지 가혹하게 걷어가니 백성들은 생존 자체에 위협을 느꼈다.

한편 당 왕조는 국가 재정을 늘리기 위해 소금의 전매제를 시행했다. 전국적으로 전매제를 시행하니 국가의 수입은 늘었지만, 소금 값이 크게 오르는 결과를 가져왔다. 가난한 백성들은 소금을 구매할 수 없었다. 게다가 소금을 전매하면서 수입을 늘린 당 왕조는 이번에는 차에 대해서도 전매를 실시했다. 그러다보니 자연스레 소금과 차를 대상으로 밀매업자들이 생겨나고 도둑들이 많아졌다. 이 과정에서 덩달아 무장하는 세력들도 늘어났다. 그리고 가난한 농민들이 봉기하기 시작했다.

황소, 장안을 점령하다.

황소는 과거에 여러 번 응시했다가 떨어졌다. 그래서 생계수단으로 국가에서 규제하던 소금 밀매업을 시작했다. 그러나 원칙적으로 국가에서 소금 판매를 독점하고 있었기에 그 생활도 여의치 않았다. 이 시기 화북 지방은 흉년이 거듭되어 수확이 힘든 상황이었다. 그런데 중앙에서는 동일하게 세금을 거둬갔고, 오히려 농민들을 독촉했다. 그래서 왕선지가 하남성 장원에서 반란을 일으켰는데, 이웃으로 잘 알고 지냈던 황소 또한 이에 호응하여 산둥성 윈구에서 반란을 일으켰다(874).

황소가 일으킨 봉기는 농민들의 지지를 받으며 순식간에 세력을 키웠다. 황소는 스스로를 '빈부의 차이를 없애고 모두를 균등하게 만들기 위해 하늘이 내린 장군'을 칭하며 농민들을 이끌었다. 이는 당시 백성들의 평균에 대한 염원을 대변한 것이다. 함께 농민군을 이끌던 왕선지는 당 왕조가 관직을 주겠다고 제안하자 황소와 갈라섰다가 전사했다. 황소는 농민군을 이끌고 파죽지세로 나아갔고 수도 장안까지 점령했다. 황소는 국호와 연호를 정하고, 황제라 일컬었다.

난리를 피해 황제 희종은 쓰촨 성도로 피난을 갔다. 황제가 급박하게 요청하자 당시 절도사들이 황소의 난을 진압하기 위해 달려왔는데, 대표적인 자가 이극용이다. 이극용은 황소 세력에 반격을 가했다. 당시 황소 아래에 있다가 황소를 배신하고 투항한 주전충의 공이 컸다. 그가 항복해오자, 황소는 장안을 버리고 후퇴했다. 결국 황소는 도망가다가 자살했고, 이로써 10년간의 농민 봉기는 끝이 났다.

황소의 난이 가지는 역사적 의미

황소의 난은 결론적으로 실패했다. 그러나 이를 계기로 당 완조에는 많은 변화가 있었다. 먼저 정치적으로는 난리통에 기존의 귀족세력이 상당히 제거되었다. 봉기 직전 중앙은 환관들의 횡포와 대신들의 당쟁으로 나라꼴이 말이 아니었다. 그런데 일시적이기는 하지만 농민 봉기로 이러한 현상을 잠시 소강시켰다.

경제적으로는 당제국의 경제 기반이 완전히 파괴되는 결과를 가져왔다. 예전에 일어났던 안·사의 난은 화북 지방에만 국한되었기에 강남의 경제력은 그대로 유지되었다. 그래서 이후에도 당이 유지되는 데는 무리가 없었다.

그러나 황소의 난이 10년 동안 지속되면서 강남 지역까지 전란에 휩싸였고, 경제 기반은 모두 파괴되었다. 이로써 당은 더 이상 유지되기 힘든 상황이었다.

더불어 지방에서는 절도사 간에 균형이 깨지고 세력이 다시 재편성되었다. 특히 황소의 진영이었다가 투항해서 절도사에 임명된 주전충은 절도사로서 새롭게 부각되었다. 그는 황소의 패잔병을 모아서 하동 절도사가 되었고 급격하게 세력을 모았다. 더불어 황소의 난을 진압하는 데 당 조정에 큰 힘이 된 이극용도 가장 유력한 절도사가 되었다. 이렇게 절도사는 주전충과 이극용 양자 구도로 재편되었다.

주전충과 5대 10국

주전충과 당의 멸망

안·사의 난 이후 위태로웠던 당 왕조가 그나마 유지될 수 있었던 것은 절도사 간의 세력 균형이 이루어졌기 때문이다. 엇비슷한 절도사들이 공존했기 때문에 서로 견제하면서 누구 하나 세력을 더 이상 확대할 수 없는 상황이었다.

그러나 황소의 난 이후에 상황이 달라졌다. 황소의 난을 진압하는 과정에서 당 정부에 적극적으로 협력한 이극용은 절도사들 가운데 단연 독보적인 존재가 되었다. 이극용은 실세로서 당 조정을 좌지우지했다. 이극용의 힘이 지나치게 커지자 두려움을 느낀 당 조정의 대신들은 주전충을 이용하여 그를 견제하려 했다. 이로 이해 신·구 절도사들은 서로 대립하게 되었고, 최종적으로 주전충이 승자가 되었다.

한편 관료와 환관의 권력 싸움은 점점 심해졌다. 당시 재상이

- **5대 10국의 형세**

  5대 10국의 5대는 후량, 후당, 후진, 후한, 후주를 뜻하며, 10국은 오월, 민, 형남, 초, 오, 남당, 남한, 북한, 전촉, 후촉을 포함한다.

었던 최윤은 환관을 없애기 위해 주전충에게 도움을 요청했다. 주전충은 군대를 이끌고 궁중에 들어왔고 환관들을 모조리 죽였다. 이로써 환관 세력은 사라졌다. 그러나 주전충은 여기에서 더 나아가 황제를 죽이고 조정의 대신들마저 살해했다. 황제 살해 후 새로 세웠던 황제 애제에게 황위를 물려받아 후량을 세웠는데, 이로써 290년간의 당제국의 역사도 막을 내렸다(907).

5대 10국의 서막

후량을 세운 주전충 외에도 여전히 수많은 군사적 실권자들이 존재했다. 이들 역시 독립 정권을 만들었는데, 오, 오월, 초, 전촉, 민 등의 나라가 이에 해당한다. 이 시기에는 중국이 하나로 통일되지 못하고 수많은 나라들로 분열되었고, 이 시기를 5대 10국(907~979)이라 한다.

5대 10국은 화북 지방을 차례로 점령한 5개의 중앙 왕조(후량, 후당, 후진, 후한, 후주)와 남중국 일대에 세워진 10개의 지방 정권(오, 전촉, 후촉, 남당, 오월, 민, 초, 형남, 남한, 북한)을 가리킨다. 5대 10국은 당대의 번진 세력이 제각기 독립하여 나라를 세운 것으로, 무인의 시대였다고 볼 수 있다. 중앙 정권이었던 후량은 이극용의 후손이 후당을 세우면서 멸망했다.

이후 후당을 멸망시키고 후진이 세워졌는데, 당시 후진은 거란의 도움을 받았기에 그 대가로 만리장성 이남의 연운 16주를 거란에게 주었다. 마지막으로 후진에 이어 후주가 들어섰다. 이렇게 5개의 나라가 연이어 들어서면서 5대 10국의 분열 시기를 이끌어갔다.

당제국의 멸망은 새로운 무인 시대를 열었다. 이러한 변화는 동아시아의 국제 질서에서 새로운 변화를 가져왔다. 당제국은 동아시아의 중심에 서서 여러 나라를 하나의 문화권으로 묶어냈다. 자연스럽게 당제국은 동아시아의 중심이었고, 당을 중심으로 주변국들과의 관계가 형성되는 국제 질서가 만들어졌다. 그러나 당제국이 멸망하면서 국제질서는 새롭게 재편될 수밖에 없었다.

먼저 한반도에서는 오랜 시간 지속되었던 신라가 후삼국으로 분열되었다(901). 이어서 고려가 건국되었고 신라는 멸망했다(935). 만주에서는 당 멸망을 계기로 거란족이 요를 건국했다(916). 그리고 발해는 거란에게 망했다(926). 일본에서는 고대 귀족 국가가 무너지면서 무사가 새로운 지배 계층으로 성장했다.

이처럼 10세기 당제국의 위기는 동아시아 각국의 질서 변화로 이어졌음을 알 수 있다. 그리고 이러한 변화를 토대로 동아시아 각국은 자신들만의 독자적인 문화를 만들어나갔다.

당에서 송으로의 이행

당에서 송으로 넘어가면서 중국은 많은 변화를 겪었다. 기존과는 다르게 황제를 중심으로 한 독재 체제가 마련되었고, 사대부가 새로운 사회 지배 계층으로 성장했다. 계약 관계를 바탕으로 하는 전호제가 확산되었고, 농업 생산력의 증대와 더불어 상품 화폐 경제가 발달했다. 기존에 지배층이 향유하는 문화에서 벗어나 서민 문화가 발전하는 것은 큰 변화 가운데 하나였다. 이처럼 당에서 송으로 이행하는 과정에는 큰 변화가 있었고, 이 시기를 당송변혁기라 부른다.

송이 중국을 통일하면서 5대 10국의 혼란기는 끝이 났다. 송은 절도사들의 횡포를 막는 것이 급선무라 생각했기에 문치주의 정책을 내세웠다. 비록 군벌들에 의한 분열은 일어나지 않았지만 대신 국방력이 약화되는 결과를 가져왔다. 따라서 송은 왕조가 지속되는 내내 북방의 유목 민족들에게 시달려야 했다. 그럼에도 각 분야에서 산업을 발전했고 상업 또한 활성화되었다. 이미 당대에 귀족 사회는 붕괴되었고, 경제적으로 윤택해져 서민들이 문화의 주체로 성장할 수 있었다. 따라서 송대에는 그 어느 때보다 서민 문화가 발달했다.

송의 국방력 약화는 북방 유목 민족들에게는 좋은 기회였다. 이미 당대의 문화적 자극으로 민족적인 자각을 하기 시작했고, 이를 바탕으로 민족국가를 수립할 수 있었다. 이로써 정복 왕조인 요, 금, 원이 등장했다. 정복왕조의 출현은 한민족 중심의 인식 구조에 변화를 가져왔고, 문화의 주도권이 각지로 다양하게 분산될 수 있는 기회를 제공해주었다.

수·당제국의 역사적 의의

중국 역사상 수·당 시대는 전례가 없을 정도로 다양한 제도가 만들어지고, 다채로운 사상과 종교가 시작되었으며 예술이 화려하게 꽃피던 시기다. 이러한 결과를 만들어낼 수 있었던 것은 이전에 존재했던 다양한 문화들을 한데 끌어 모은 수·당 왕조의 능력에 있다.

수·당 왕조는 개방적인 국제주의를 바탕으로 다양한 종류의 민족과 이들의 문화를 받아들였고, 이를 자신들의 문화에 절충함으로써 새로운 성격의 새로운 문화를 창출해냈다. 이들이 만들어낸 문화는 보편성을 띠었고 주변 국가에서 자신들의 문화를 발전시키는 요소로 수용할 정도로 매력을 지니고 있었다. 그래서 당의 문화는 주변국으로 파급되었고, 한자·유교·율령·불교를 공유하는 하나의 문화권도 만들어낼 수 있었다.

수·당제국 시기에는 하나의 문화권이자 조공 책봉 체제로 연결되는 하나의 정치권을 형성했다. 세계 각지의 사람들은 수노장안으로 모여들었고, 광저우와 양저우 등의 무역항과 실크로드를 둘러싼 오아시스 도시들은 당과 다른 나라를 잇는 매개가 되었다. 이 과정에서 산둥반도에는 각국의 사람들이 거주할 수 있는 공간이 마련되었으며, 신라방도 그 가운데 하나였다. 일본은 견수사와 견당사를 수차례 파견하여 수·당의 문화와 체제를 수용했다.

이렇듯 수·당제국은 세계 제국으로서 동아시아 문화권 형성에 핵심 역할을 담당했다.

참고문헌

1. 국내서적

남경태, 『종횡무진 동양사』, 그린비, 2009.

박한제 외, 『아틀라스 중국사』, 사계절, 2015.

신승하, 『중국사(상)(하)』, 미래엔(대한교과서), 2005.

신채식, 『동양사개론』, 삼영사, 2009.

안정애, 『중국사 다이제스트 100』, 가람기획, 2012.

임종욱, 『중국역대 인명사전』, 이회문화사, 2010.

전국역사교사모임, 『살아있는 세계사 교과서 1』, 휴머니스트, 2005.

최진열, 『마주 보는 세계사 교실 2』, 웅진주니어, 2008.

2. 번역서적

바우어, 수잔 와이즈, 최수민 옮김, 『교양있는 우리 아이를 위한 세계 역사 이
    야기 2(중세편)』, 꼬마이실, 2004.

에브리, 페트리샤 버클리, 이동진 외 옮김, 『사진과 그림으로 보는 케임브리지

중국사』, 시공사, 2001.

풍국초, 이원길 옮김, 『중국상하오천년사』, ㈜신원문화사, 2008.

3. 관련 사이트

함규진, 〈수무제양견〉, 네이버캐스트 인물세계사, 2009.

연표

연도	주요 사건
8	왕망의 신 건국
25	유슈의 후한 건국(~220)
105	채륜의 종이 발명
184	황건적의 난
220	후한 멸망, 위·촉·오의 삼국 시대 시작(~280)
265	위의 촉 정복, 위에서 진(서진)으로 국호 변경
280	진의 오 정복, 중국 통일
304	5호 16국 시대 시작(~439)
317	동진의 성립(~420)
386	북위 건국(~534)
420	동진 멸망, 송(남조) 건국
439	북위의 북조 통일, 남북조 성립(~589)
485	북위, 균전제 실시
534	북위, 동서로 분열
550	동위 멸망, 북제 건국
557	서위 멸망, 북주 건국
581	수 건국(~618)
589	수의 중국 통일
598	수 문제, 고구려 침략

604	수 양제 즉위
611	수 양제, 고구려 침략
618	당 건국(~907)
637	태종, 율령 반포
641	당 문성 공주, 토번으로 출가
649	고종 즉위(~683)
690	측천무후, 주를 세우고 황제 즉위(~705)
710	절도사직 창설 시작
712	현종 즉위(~756)
755	안·사의 난(~763)
780	양세법 실시
875	황소의 난(~884)
907	당 멸망, 5대 10국 시대 시작(~960)

생각하는 힘-세계사컬렉션 15

수·당제국
세계 문화 중심지로 도약하다

펴낸날	**초판 1쇄** 2020년 10월 30일

지은이	**윤미리**
펴낸이	**심만수**
펴낸곳	**(주)살림출판사**
출판등록	**1989년 11월 1일 제9-210호**

주소	**경기도 파주시 광인사길 30**
전화	**031-955-1350** 팩스 **031-624-1356**
홈페이지	**http://www.sallimbooks.com**
이메일	**book@sallimbooks.com**

ISBN	**978-89-522-4249-5 04900**
	978-89-522-3910-5 04900(세트)

※ 값은 뒤표지에 있습니다.
※ 잘못 만들어진 책은 구입하신 서점에서 바꾸어 드립니다.
※ 각각의 그림에 대한 저작권을 찾아보았지만, 찾아지지 못한 그림은
   저작권자를 알려주시면 대가를 지불하겠습니다.

이 도서의 국립중앙도서관 출판예정도서목록(CIP)은 서지정보유통지원시스템 홈페이지
(http://seoji.nl.go.kr)와 국가자료종합목록시스템(http://www.nl.go.kr/kolisnet)에서
이용하실 수 있습니다.(CIP제어번호: CIP2020042637)

책임편집·교정교열 **서상미 박일귀**   지도 일러스트 **김태욱**